Comment travailler ensemble

*7 outils simples
pour faire émerger du collectif*

Éditions d'Organisation
Groupe Eyrolles
61, bd Saint-Germain
75240 Paris Cedex 05
www.editions-organisation.com
www.editions-eyrolles.com

Dominique Fauconnier   Annie Madrières

Comment travailler ensemble

7 outils simples

pour faire émerger du collectif

EYROLLES

Éditions d'Organisation

SOMMAIRE

INTRODUCTION

« On n'y voit rien »

Daniel ARASE

La grande majorité des méthodes employées afin de favoriser la coopération entre des professionnels sont d'origine comportementaliste. Il vous est donné des conseils tels que « soyez empathique avec vos interlocuteurs », « ne croisez pas les bras lorsque vous écoutez une personne » ou « repérez son style afin de vous y adapter ». Ici, nous chercherons à repérer *les conditions nécessaires* pour que les comportements adaptés émergent, et nous nous en tiendrons là. Si, par exemple, vous souhaitez qu'un groupe collabore avec vous, nous vous inviterons à rechercher les raisons objectives qui pourraient l'amener à le faire, puis ce qu'il est nécessaire de dire – et d'entendre – pour qu'un *processus de collaboration* s'amorce entre vous. Si vous prenez un moment avec ce groupe pour lui exprimer ce que vous attendez de lui et demandez également à ses membres ce qu'ils attendent de ce travail, vous aurez plus de chances de trouver des objectifs communs, ou de les négocier avec eux une fois qu'ils auront été explicités ensemble.

Les « outils » que nous vous proposons sont destinés à développer et maintenir l'efficacité collective des groupes. Ils reposent essentiellement sur des techniques permettant d'aboutir à des accords, nous pourrions aussi dire à des ajustements entre personnes. Ces techniques ne s'appuient pas, comme nous l'avons dit, sur une analyse des comportements, mais sur des « règles » de fonctionnement.

Donnons tout de suite un exemple. Les « outils » présentés ici reposent tous sur quelques grands principes, dont ceux de « réciprocité » et de « réalité ». Si vous êtes le responsable, la règle proposée aux membres de vos équipes s'appliquera également à vous – principe de réciprocité – sans modifier les faits – principe de réalité. Si vous proposez à vos interlocuteurs de faire un tour de table des avis de chacun sur une question complexe se posant à vous, il est alors nécessaire de laisser tout le monde s'exprimer, et de veiller à l'équilibre du temps de parole de chacun. Le simple fait de suivre la règle du tour de table, implique que chacun parle à son tour et se taise pendant que les autres s'expriment. L'écoute de chacun par tous est alors automatiquement favorisée. Ce fait est induit par l'acceptation de la règle du tour de parole.

Proposer une règle de travail, et la négocier dans les limites des possibilités des uns et des autres, permet un premier travail commun. Dans un contexte d'entreprise, il est important de fixer d'entrée de jeu ce qui n'est pas négociable, comme les objectifs à atteindre par exemple. Il faut les poser comme des données. Certaines méthodes de travail peuvent ne pas être non plus discutables, comme l'obligation d'utiliser tel ou tel outil informatique. En revanche tout ce qui demeure à l'intérieur de vos propres marges de manœuvre peut être proposé à la discussion. Votre rôle est alors d'en maîtriser non le contenu mais le déroulement. Si les circonstances vous le permettent, vous pouvez laisser une heure de temps pour que chacun donne son point de vue sur une question qui se pose à tous, et en annonçant qu'ensuite vous trancherez le débat.

Si la règle et le cadre de travail que vous proposez sont réalistes, acceptés et utiles, vous aurez amorcé ou entretenu un processus collectif permettant de « travailler ensemble ». Savoir si ce que vous proposez est réaliste ou non est une pure question de pratique, de jugement personnel – en l'occur-rence, le vôtre ! – et de maîtrise technique. C'est tout l'objet de cet ouvrage que de vous donner des « règles » fondatrices accompagnées de nombreux exemples d'applications et de conseils d'utilisations. Il vous restera ensuite à les tester puis à vous les approprier en les adaptant à « votre main » et à vos situations.

CHAPITRE 1

Observer

Réussir à travailler ensemble est essentiellement une question de pratique. Pour simplifier le propos, nous le verrons principalement au travers de la conduite de réunion. Partons du principe que nous savons tous comment mener une réunion, mais que nous voulons améliorer l'efficacité collective du groupe dans son ensemble. Comment mieux travailler ensemble ? Le travail consiste à comprendre ce qui se joue pendant les réunions, à observer les acteurs, à saisir les situations et à découvrir ou à développer nos propres façons d'agir. Le premier « outil » est celui de l'observation attentive. Il vous appartient totalement.

Dans les chapitres suivants, nous décrirons un certain nombre d'« outils » plus tangibles que vous pourrez « prendre en main ». Et comme le dit cette image, nous considérons que ces situations sont pour vous des réalités que vous pouvez décider de transformer. Un outil est une forme de capitalisation d'un geste mille fois répété et qu'il renforce : l'outil donne de la force à l'action. À vous de vous saisir de ces outils et d'y associer le coup d'œil et le sens du toucher qui sont les vôtres.

Il y a bien des années, lorsque j'étais jeune cadre dans une entreprise de services, Frédéric, mon directeur, m'avait proposé de l'accompagner en « Codir ». C'était une occasion unique pour moi de voir comment l'entreprise était dirigée. Pendant la réunion, je me souviens avoir été très surpris de constater un certain nombre de dysfonctionnements : ordre du jour non tenu, dossiers non préparés, débats parallèles. Je m'en suis ouvert à Frédéric qui me fit cette réponse :

« Tu sais, Éric, c'est souvent dans de telles réunions que l'on perd le plus de temps. Mais il faut y être, notamment parce qu'il suffit d'y apprendre deux ou trois informations clés pour éviter de lourdes erreurs. Tu as entendu lorsque André – c'était notre président – a lâché que le projet américain n'était pas vraiment une urgence. Si tu écoutes bien, cela signifie que les négociations n'ont pas abouti et que, lorsque la chose sera officielle, il va nous demander de revoir à la baisse tous nos budgets d'ici la fin de l'année. À nous d'anticiper ce que cela implique pour nous.

— Mais comment cela se fait-il qu'il ne l'ait pas dit clairement ?

— Il ne peut pas, car sinon la nouvelle va se répandre trop vite et nos concurrents vont en profiter. Tu sais bien que ce n'est pas le moment.

— Et Raoul, est-ce que tu crois qu'il a compris ? C'est quand même lui qui a le plus à perdre dans cette histoire, non ?

— Oui, mais Raoul n'y comprend jamais rien ! Ce n'est pas bien grave, il nous aide à entretenir l'illusion à l'extérieur. »

Je me suis ensuite plongé dans mes réflexions. Je trouvais que tout cela était bien compliqué et qu'il y avait beaucoup de perte de temps, une faible confiance entre les membres de la direction et peu d'efficacité globale, même si mon propre patron réussissait toujours à tirer son épingle du jeu.

Trois années plus tard, cette entreprise déposait son bilan. Je ne peux pas dire que j'en fus étonné.

© Groupe Eyrolles

Commentaire

Il y a un certain nombre de choses à repérer dans ce texte. Tout d'abord, la passivité du patron direct. Il est un ancien membre de l'entreprise, il en connaît bien les rouages, mais il n'est plus en capacité de faire bouger les choses, y compris lorsqu'il les perçoit nettement. Ensuite, la clairvoyance d'Éric, le jeune cadre. Les premières impressions donnent souvent quelques indications justes. Si les indices sont souvent facilement visibles, c'est cependant avec le temps que l'on peut les remettre en perspective. On repère également que les relations entre les personnes sont figées, les rôles semblent distribués à l'avance, et l'ensemble perd toute possibilité de réactivité et d'action collective. Comme le remarque Éric, l'animation du Codir n'est pas optimale : « Ordre du jour non tenu, dossiers non préparés, débats parallèles. » Le cas n'est pas obligatoirement représentatif, mais il arrive souvent que ce temps passé ensemble ne soit pas aussi productif qu'il pourrait l'être.

Cette tranche de vie révèle pourtant des aspects plus positifs. Par exemple qu'en toutes circonstances il est possible de capter des informations utiles. C'est un sens aigu de l'observation que Frédéric a fini par développer dans ce contexte confus, ce qui lui permet de « toujours tirer son épingle du jeu ». On peut imaginer qu'il sait également transmettre ce savoir-faire à ses équipes par le dialogue franc qu'il a eu ensuite avec Éric. Les dysfonctionnements observés donnent également de l'information sur la situation. Pour Éric, le management d'une entreprise est obligatoirement rationnel, explicite, cohérent. S'il y a dysfonctionnement, c'est qu'il y a une erreur que l'on peut corriger. Sa réaction – toute compréhensible ! – trahit cette attente : d'après lui les choses « devraient » se dérouler autrement que ce qu'il constate. Nous reviendrons souvent dans cet ouvrage sur cet écart entre « ce qui est » et « ce qui devrait être » car il y a là une clé d'efficacité pratique qui est souvent laissée dans l'ombre.

Éric pense que le président de cette PME devrait mieux piloter son Codir car il tirerait un meilleur parti de l'apport de ses collaborateurs. Oui, probablement. Mais pourquoi ne le fait-il pas ? Que sait-on de ses préoccupations et de ses raisons profondes ? Que sait-on de sa vie privée ? De ses projets ? De ses espoirs ? Est-il atteint par une maladie incurable ? Serait-il sans nouvelles de l'un de ses fils depuis des mois ? Son meilleur ami l'aurait-il entraîné dans une aventure financière catastrophique ? A-t-il lancé ce projet américain pour des raisons autres que professionnelles ? A-t-il hérité de cette entreprise en ayant toujours rêvé d'être voyageur ou poète ?

Si l'on veut améliorer le mode de fonctionnement d'un collectif, il est nécessaire de l'appréhender suffisamment en profondeur pour comprendre les ressorts intimes des principaux acteurs en présence. Par exemple, pourquoi Frédéric s'en tient-il à une certaine passivité vis-à-vis de son président ? Quelles sont leurs relations ? Il semble le comprendre à demi-mots ; la réciproque est-elle vraie ? Quelle est la nature des liens qui les unissent ? Existe-t-il des liens de dépendance entre eux ? Par ailleurs, pourquoi l'entreprise conserve-t-elle Raoul à son poste alors que visiblement tout le monde sait qu'« il n'y comprend jamais rien ». Frédéric ne le dirait pas si spontanément à Éric si cela n'était pas une sorte d'évidence dans l'entreprise.

Quelle est la situation réelle de l'entreprise sur son marché ? Et comment sa direction le vit-elle ? Quels sont les espoirs qui ont animé à l'époque les dirigeants de cette entreprise ? Et quels sont les écarts avec la réalité actuelle ? Quelles sont les déceptions, éventuellement les rancœurs, les incompréhensions, les colères ? Mais également quels seraient les espoirs encore accessibles ? Qu'est-ce qui pourrait les faire rêver ? Ou sans aller si loin, qu'est-ce qui permettrait à quelques-uns de sortir la tête haute d'une aventure humaine qui se serait – peut-être ! – perdue en cours de route ? Pour l'instant chacun joue son rôle, plus ou moins bien. Comme s'il ne fallait pas rompre le charme qui protège l'avenir et les chances de chacun, comme s'ils manquaient tous du courage nécessaire pour affronter la réalité. Dans ces circonstances, c'est souvent la passivité et la nostalgie qui s'installent dans les esprits, les entraînant inexorablement dans l'oubli, comme le feraient des sables mouvants.

Trois ans plus tard, l'entreprise a déposé son bilan. Le narrateur « n'en fut pas étonné ». On peut alors se demander ce que le jeune Éric a retiré de ces quelques années passées dans cette entreprise. Rien ? Un peu, et par hasard ? Ou beaucoup car il n'a cessé d'observer ce qu'il se passait autour de lui ? Et parce qu'il a profité des perceptions de ses pairs ? Quelles que soient les situations rencontrées, il est toujours possible d'en tirer un enseignement. La plupart des professionnels développent leur savoir-faire en confrontant leurs différentes « façons de faire » sans a priori ; cela s'applique également à ce genre de situations, dont on imagine rarement tout ce que l'on peut en apprendre d'utile.

D'une façon plus générale, toute situation qui ne nous semble pas conforme à ce que l'on pourrait en attendre recèle des apprentissages potentiels. Non pas que nous ayons tort de penser qu'il y aurait ici ou là de réels dysfonctionnements, mais au-delà de l'avis qui peut être le nôtre, sur quelles actions de notre part cela peut-il déboucher ? A minima cela peut être de comprendre comment les choses en sont arrivées en l'état où nous les découvrons, comment les acteurs le vivent, entrevoir les efforts qu'ils devraient consentir pour modifier ce qui pourrait l'être, ou au contraire comment ils acceptent cette situation sans réagir. Ces observations enrichissent nos connaissances pratiques des réalités de l'entreprise, ce qui peut s'avérer utile dans la suite de nos parcours professionnels.

Au mieux, nous pouvons également chercher une façon d'améliorer les choses. Ce qui ne correspond plus, et de loin, à une perte de temps, même si l'on n'y parvient pas.

En nous engageant sur ce terrain de l'apprentissage concret, nous entrons dans la voie sans fin de notre développement professionnel. C'est alors que les échanges entre professionnels sont en général les plus fructueux, car chacun prend chez ses pairs des idées lui permettant d'améliorer, de nuancer, de compléter son propre savoir-faire. En partageant les siennes, chacun donne l'occasion à ses pairs de prendre chez lui ce qui les intéresse. Parallèlement et progressivement, on se rend compte qu'à chaque nouvelle reformulation on saisit mieux comment on agit soi-même.

Nous reviendrons plusieurs fois sur cet aspect des choses, tout simplement parce qu'un geste est irréductible à ses descriptions. Aucune description ne peut vraiment dire comment chacun agit. On peut donner des points de repères, des protocoles, des méthodes, mais le « geste » demeure ancré en nous. Qui n'a entendu un praticien dire à l'un de ses confrères : « Viens voir, je vais te montrer. » Cela est vrai pour les métiers manuels, mais également pour toute autre activité professionnelle : manager, négocier, convaincre, écouter, vendre, diriger, etc.

L'exemple de la conduite d'une réunion de travail

Notre objectif, ici, est de vous donner l'occasion de réfléchir à vos propres façons de conduire une réunion de travail tout en cherchant les moyens de vous améliorer. En cours de route, nous tenterons de vous transmettre quelques points de repères que nous utilisons quotidiennement dans la pratique de notre métier et que vous pourrez vous approprier ou non, selon qu'ils vous semblent pertinents. L'idéal serait que vous trouviez des occasions de confronter vos méthodes à celles d'autres personnes afin de bénéficier de leurs expériences.

La **réunion de travail** est typiquement un cadre où l'on « travaille ensemble ». Ce n'est pas le seul, bien évidemment, car le travail peut se faire, par exemple, par des contributions successives, dissociées les unes des autres dans l'espace et dans le temps. Cela dit, la réunion de travail offre une base de réflexion concrète et permet de repérer un certain nombre de phénomènes intéressants et utiles si l'on souhaite « mieux travailler ensemble », quelles qu'en soient les circonstances. Nous pouvons distinguer plusieurs aspects en abordant cette question : vous pouvez être l'animateur, ou non ; telle réunion peut être ponctuelle ou régulière ; elle peut être organisée pour différents objectifs : informer, se connaître, produire une décision, etc.

Prenons l'hypothèse où vous êtes l'animateur de la réunion. Cela nous permettra d'explorer les différents aspects de ce qu'il est utile de considérer lors de ce moment de travail collectif. Nous prendrons, en fin de chapitre, l'hypothèse où vous êtes simple participant, pour compléter notre propos. Dans ce premier cas, c'est alors à vous qu'il incombe de vérifier que les ingrédients nécessaires à son bon déroulement sont réunis.

Si ces réunions s'inscrivent dans des procédures déjà définies, le plus simple sera de vous y conformer au mieux, en adaptant ce qui est prescrit aussi bien au sujet à traiter qu'aux personnes présentes. Il est possible, par exemple, qu'un responsable hiérarchique soit présent. Vous devrez alors en tenir compte, a *minima* en lui demandant s'il souhaite prendre la parole en ouverture ou en conclusion de la réunion et s'il a des attentes particulières à vous communiquer. Si une personne extérieure au groupe habituel vous a rejoint, et sauf indication contraire, il faudra lui permettre de se présenter et lui expliquer en quelques mots l'objet de la réunion. Il est possible qu'un point d'ordre vous paraisse nécessaire pour que la réunion se déroule dans de bonnes conditions, etc.

En revanche, si le cadre est peu ou faiblement défini, il vous reviendra de vous assurer d'un certain nombre de points avant la réunion. À titre d'exemple, voici quelques questions que vous pouvez alors vous poser : les objectifs sont-ils défi-nis ou non ? Les participants ont-ils été prévenus ? Qu'attendent-ils de la réunion ? Connaissent-ils leurs rôles ? Disposent-ils des informations nécessaires ? Les participants se voient-ils régulièrement ? Font-ils partie de la même entité ? La durée est-elle fixée à l'avance et connue par tous ? De quelle marge de manœuvre disposez-vous autant sur le sujet que sur la façon de conduire la réunion ? Et si nous voulions aller plus loin dans le détail, vous pouvez vous demander si la salle est retenue, si elle et adaptée, si le maté-riel nécessaire est disponible, etc. Mais restons ici sur le sujet de la conduite de réunion.

Pendant la réunion, vous devrez être attentif à plusieurs dimensions de l'animation. Le très grand nombre de ques-tions que l'on peut se poser montre que vous devez surtout être attentif à ce qu'il se passe pour ne réagir qu'en cas de nécessité. Selon le déroulement de la réunion, en voici quel-ques exemples : le sujet est-il traité ou non ? Les discussions en cours sont-elles utiles ou se perd-on dans des détails ? Dérive-t-on vers d'autres sujets ? Une question clé est-elle en train d'émerger ? Comment la traiter ? Les participants sont-ils impliqués selon ce qui est attendu de chacun d'entre eux ? Si non, pourquoi ? Y en a-t-il à qui vous devez donner la parole, ou que vous devez solliciter car ils ont certaine-ment des choses utiles à dire ? Y en a-t-il qui parlent trop, ou qui disent des banalités, ou encore qui sont hors sujet et qui polluent ainsi la réunion ? Observez-vous des comporte-ments qui freinent l'expression des plus réservés ? La réunion se déroule-t-elle selon le bon rythme ? Pensez-vous pouvoir aboutir au résultat escompté à l'heure prévue ?

Si une discussion utile s'engage, vous devrez trancher très rapidement entre le fait de la laisser se dérouler afin qu'elle produise ses effets, et la suspendre pour traiter ce qui était initialement prévu. Et dans ce cas, vous devrez être attentif à la façon dont le groupe perçoit votre décision. Le plus pratique consiste à prévoir sans cesse de nouveaux déroulements possibles de la réunion. L'idéal serait que tous les sujets aient été traités et que les participants n'aient pas senti de rupture dans le déroulement. Cela demande évidemment un peu de pratique, et parfois un peu de chance, mais cela est accessible si on y travaille.

De votre côté, disposez-vous des bonnes conditions pour animer la réunion de façon satisfaisante ? Si non, comment pourriez-vous y remédier ? Disposez-vous des informations nécessaires ? Vous êtes-vous suffisamment préparé pour jouer ce rôle ? Il n'y a pas de méthode particulière pour être attentif simultanément à tous ces aspects, mais il y a amélioration possible de votre part. C'est plus votre capacité d'appréhension d'une situation qui compte que la maîtrise de telle ou telle technique. Tout public, avec un peu d'habitude décrypte très vite les « trucs » utilisés par un animateur ou un manager. Un public aime être traité pour ce qu'il est, dans sa singularité. Si vous réussissez à capter ce qui se joue dans le groupe lorsque vous animez une réunion de travail, votre professionnalisme sera apprécié, y compris vos méthodes. En revanche, si un groupe ne perçoit que votre technicité et qu'elle demeure impersonnelle, il risque de « décrocher ». Que l'on se comprenne bien, un animateur froid mais attentif à la progression du groupe pourra être apprécié et suivi. L'attention demandée n'est pas obligatoirement amicale, mais avant tout professionnelle.

Nous pourrions ici multiplier les conseils, mais le premier que nous pouvons vous donner est de chercher à toujours mieux maîtriser vos réunions grâce à votre façon de les animer. Et cela passe en premier chef par vos propres capacités de perception sur l'instant.

Si nous reprenons l'histoire initiale, à l'issue de la réunion, imaginons ce qui pourrait se passer ensuite. L'objectif de ce passage est de vous montrer qu'un fait extérieur à une réunion peut modifier en profondeur son déroulement. Il est toujours très difficile de capter les informations qui pourraient nous instruire de ces faits. La meilleure attitude consiste alors à toujours savoir que de tels faits perturbateurs *peuvent* exister et produire leurs effets à un moment imprévu. La réelle difficulté du pilotage d'une réunion, ou d'un groupe de travail, est de réussir à piloter la réunion tel que prévu, *tout en restant disponible et prêt à réagir à l'imprévu.*

André se retrouve avec Robert, son ancien associé, et la conversation démarre sur les événements de la journée.

« Ce matin, nous avions Codir, ils étaient tous là, Roger, Raoul, Catherine, Étienne, Frédéric avec son jeune cadre et Simon. Bon, je n'étais pas bien en forme. Cette histoire américaine me mine à un point ! Tu crois qu'ils vont lâcher ?

— Je n'en serai guère étonné.

— Ah, tu crois aussi ? *(Silence)*. Bon, c'est la loi du business, il n'y a rien à dire. En tout cas, faudra en mettre un coup d'ici la fin de l'année sinon mes partenaires vont tousser encore un peu plus fort. Que penses-tu du moral de l'équipe actuellement ?

— Il n'est pas vraiment au niveau, si tu veux mon avis.

— Oui, mais je les connais bien. Celui que tu voulais que je recrute, ton super cador, il ne m'inspirait vraiment pas confiance.

— Oui, mais lui, il est bon. J'ai appris qu'il va rentrer chez ton copain Christian.

— Bonne chance à eux ! Moi, j'ai l'habitude de travailler avec des gens que je connais. Les autres, je ne sais jamais ce que je peux leur demander et jusqu'où je peux aller. Frédéric, par exemple, c'est du gâteau, il comprend tout ce que je lui dis.

— Oui, mais il est un peu *old fashion* ! Il te sort des méthodes dont ton père ne voulait même plus.

— Robert, tu exagères. C'est lui qui a mis en place tout le système de contrôle de la boîte ; pas une tuile en cinq ans !

— Oui, parfois ce qui est ancien tient bien, je te l'accorde, mais le reste, c'est vieillot vieillot ! Et puis ton Raoul, tout le monde en rigole. Même le jeune, ce matin, il a dû capter le truc. En tout cas, Frédéric ne tardera pas à l'affranchir, il ne peut pas le voir. C'est ça l'ennui avec les vieilles équipes, tout le monde connaît les points faibles des autres, tout le monde se tient par la barbichette, et ça donne ce que tu as eu ce matin. Vu ton air, j'imagine bien le tableau.

— Tu ne voudrais pas reprendre la direction de la boîte, pendant que je me refais une santé ?

— Ouh là là ! ça fait trois fois que tu me proposes le *deal*. Moi, j'ai passé l'âge. Pourquoi tu ne recrutes pas un bon ? Il y en a quelques-uns sur le marché, ils sont un peu chers, mais ils vont te la relancer ton entreprise. Et là, je veux bien te donner un coup de main, ça vaudrait le coup. »

Explorons quelques suites possibles à cette histoire :

Première hypothèse : le président a écouté les conseils de son associé et recrute un nouveau dirigeant, Jean-Luc. Ce sont ses pensées que nous suivons maintenant.

« Bon, j'ai toutes les cartes en main. Ma réussite dépendra du bon dosage entre fermeté, je suis là pour cela, et souplesse, écoute, compréhension des situations. Je dois faire vite, n'ai pas droit à l'erreur, ou peu, et je dois conquérir les anciens le plus vite possible.

Ma façon de conduire les réunions de Codir doit être totalement liée à ces objectifs, à ce contexte et à ma propre personnalité. De toute façon, je n'ai rien à perdre, donc je fonce. »

Deuxième hypothèse : le président demande à Frédéric de le remplacer à la tête de l'entreprise. Que se dit-il ?

« En dehors de la fierté de succéder à André, ma tâche n'est pas aisée. Les autres me connaissent par cœur et anticiperont sans trop de difficulté mes trucs et astuces afin de les émousser. Et puis, ils sauront toujours aller chercher André si je veux prendre les choses vraiment en main. Et André tranchera en ma défaveur, pour "ne pas faire de vagues".

Bon, ça va durer deux ou trois ans. Tout va dépendre de la récolte d'André, des fonds qu'il réussira ou non à lever.

Je vais quand même mieux structurer le travail du Codir, mon jeune a raison, on y perd bien trop d'énergie. Tiens, je vais d'ailleurs lui demander qu'il me conseille là-dessus, qu'il me fasse les ordres du jour, et je lui demanderai un *debrief* après chaque séance... Tiens, oui, il y a peut-être des choses à gagner par là. »

Troisième hypothèse : le président ne prend pas de décision, il reste à la tête de son entreprise.

« Je n'arrive plus à me décider. Robert avait certainement raison avec son dirigeant turbo, mais moi, je n'avais plus le courage ni l'énergie pour subir ce régime d'enfer. Et puis il m'aurait demandé de licencier une partie de mes gars, et ça, je ne peux pas m'y résoudre. Probablement par faiblesse, car comment faire autrement ? En fait, je vais faire comme eux, je vais gagner quelques années, et puis on verra bien.

Frédéric m'a dit que je pourrais améliorer notre façon de travailler en équipe. Il a probablement raison. Je vais lui demander de prendre l'animation des séances du lundi en charge. Il se fera aider par son jeune. »

Commentaires

Qu'apprend-on et que peut faire Éric dans chacune des circonstances qui s'ouvrent à lui, toujours dans l'optique d'une amélioration du travail collectif en Codir ? Voici quelques réflexions parmi d'autres.

Tout d'abord sa simple question posée à Frédéric en sortie de Codir a fait son chemin. Pas dans la première hypothèse où, partant du même constat, Robert, l'associé d'André réussit à imposer une solution beaucoup plus musclée, mais dans les deux autres. La question était pertinente, elle correspondait à une réalité, il a suffi qu'elle soit simplement formulée pour qu'elle soit entendue. Nombreux sont ceux qui pensent qu'on ne les écoute pas, que les dirigeants n'écoutent pas, que les informaticiens, les comptables, les financiers, les commerciaux, les marketeurs et même les DRH n'écoutent pas, sans parler des employés ! En fait beaucoup de personnes pensent et agissent comme si l'autre n'écoutait jamais. Et pourtant des idées font leur chemin, parfois sans que ceux qui les émettent s'en rendent compte. En général la bonne idée, l'idée juste, passe sans qu'il soit utile d'argumenter.

Il apparaît clairement, bien qu'il ne s'agisse ici que d'une histoire, qu'Éric ne peut que deviner certaines dimensions de la situation. Et qu'il risque fort de se tromper s'il interprète trop rapidement tel ou tel comportement de l'un des protagonistes. On voit certaines directions d'entreprise faire réaliser de lourdes études pour mieux connaître ce que pensent leurs salariés et en tirer des orientations d'action, et se retrouver devant des réalités toutes différentes. Il n'est pas simple de réduire la complexité des situations humaines. Il est cependant intéressant d'observer que certains grands dirigeants ont développé par eux-mêmes un sens assez sûr de l'appréciation du climat de leur entreprise.

Si l'on en revient au thème de cet ouvrage – travailler ensemble –, on peut très vite se rendre compte que le résultat dépend au fond d'une infinité de paramètres. Il peut s'agir de la décision du dirigeant, des réactions des uns ou des autres, des idées émises et de leurs cheminements, des interactions entre les acteurs, des événements extérieurs, de la marche de l'entreprise dans les mois suivants, etc. Et pourtant, il y a des personnes qui réussissent à faire travailler les gens ensemble, et d'autres non. La clé se trouve le plus souvent dans le fait que ces personnes se servent des circonstances au lieu de les subir.

Un entrepreneur social assez connu à une récente époque, Franck Chaigneau – le créateur des Tables de Cana – avait une phrase pour exprimer cela : « Celui qui perd sait ce qu'il fera s'il gagne, et il en parle toujours. Celui qui gagne sait ce qu'il fera s'il perd, et il n'en parle jamais. » L'essentiel est dit dans ces quelques mots. Celui qui perd se préoccupe de l'après, il se projette dans un avenir encore hors de portée, son esprit imagine des actions qui dépendent d'une réussite non encore réalisée. En creux, on entend qu'il n'est pas totalement disponible à l'action dans laquelle il est engagé. Et en plus, il parle, il détourne sa propre attention vers autrui. Le décrochement d'avec le réel le guette ; s'il gagne, ce sera par hasard. À l'inverse, « celui qui gagne » ne parle pas, il reste concentré sur ce qu'il fait et se demande ce qu'il fera s'il perd. Il se tient prêt à toute éventualité pour réagir assez rapidement à un imprévu et éviter de perdre.

Dans notre exemple, dans l'hypothèse où c'est Frédéric qui reprend les rênes de la direction, on voit qu'il réfléchit aux difficultés de la situation, qu'il en évalue les risques, qu'il envisage plusieurs hypothèses, puis, dans ce cadre, il découvre qu'il dispose peut-être d'un levier d'action s'il apprend à piloter autrement le Codir. Il ne l'annonce pas mais il s'y prépare, et ce sont les résultats futurs de ses décisions qui lui permettront d'aller plus loin et de faire un pas de plus. À l'inverse, André, l'actionnaire principal, semble ne pas pouvoir envisager les situations difficiles. « On verra bien », se dit-il. Il ne cherche pas de solution alternative, il recule devant l'effort qu'impliquerait le recrutement d'un dirigeant plus musclé. Ce que l'on peut déjà conclure, c'est que le premier tentera de tirer parti des circonstances et qu'il fera tout pour les appréhender et en capter ce qui est utilisable, alors que le second laissera glisser les événements sans les regarder. L'un a des chances d'y arriver, ou de remonter un peu la pente, même s'il n'a pas toutes les décisions en main ; alors que le second court tous les risques de prendre des décisions inappropriées. Si Frédéric trouve une façon de reprendre son équipe de direction en main, il se donne plus d'atout pour les faire travailler ensemble, s'il le décide. Et là encore, certains sauront probablement tirer parti des circonstances, et pas les autres.

Prenons maintenant l'hypothèse où vous n'êtes pas l'animateur. Vous êtes concerné par l'efficacité de la réunion et vous ne pouvez agir que de façon indirecte. Les façons d'opérer dépendent alors fortement du contexte où vous vous trouvez. Disposez-vous d'une influence sur l'animateur ? Le connaissez-vous ? Pouvez-vous prendre appui sur le groupe ou sur une autorité hiérarchique ? De quelles marges de manœuvre disposez-vous ? Pouvez-vous vous permettre d'intervenir ? Et sauriez-vous le faire en étant convaincu d'aboutir ? Quels sont les risques que vous courrez ou quel est le coût pour vous si vous ne le faites pas ?

En fonction des différentes réponses que vous apporterez à ces questions, et à tant d'autres, voici quelques précautions à prendre avant d'intervenir. Observez avec suffisamment d'attention le déroulement de la réunion pour y trouver des occasions de recentrer le débat, accélérer le processus, déclencher une décision nécessaire. Comprenez la logique des acteurs présents pour repérer vos alliés potentiels et ceux qui en gênent le déroulement (il est fait abstraction ici de vos positions personnelles par rapport aux sujets traités, nous ne prenons en compte que votre souci d'améliorer l'efficacité intrinsèque de la réunion). Agissez par des questions, ou par des rappels formels.

Une question pertinente et posée au bon moment peut totalement modifier le cours d'une réunion. Elle sera opérante, elle produira l'effet attendu si elle est considérée comme importante par les participants influents. C'est une évidence, mais elle vous renvoie à la qualité des observations que vous pourriez avoir additionnées avant d'intervenir. Une question est utile si elle révèle aux présents une réalité qu'ils avaient tendance à oublier. Par exemple qu'il y a une décision à prendre et qu'il ne reste que dix minutes pour le faire. Ou que la réunion a été organisée pour écouter la position des trois utilisateurs présents et qu'on ne leur a toujours pas donné la parole. Ou encore que l'on est en train d'oublier que le concurrent a déjà lancé ses nouveaux produits sur le marché et que nos ventes ont baissé de 5 % en un mois.

Votre intervention aura d'autant plus d'impact que vous aurez laissé le groupe être en état d'en comprendre l'utilité. Et même plus, de la souhaiter. Si vous intervenez trop tôt, le groupe dans son ensemble n'aura pas obligatoirement la même perception que vous, et il suffit qu'une autre personne relance le débat que vous espériez limiter, pour vous faire perdre votre occasion. Et il vous sera d'autant plus difficile d'intervenir une seconde fois. Exprimé autrement, attendez que la salle soit « mûre » pour vous entendre, et en attendant travaillez votre formulation. Avec un peu de pratique, vous vous rendrez compte que, lorsque le moment est venu d'intervenir, cela se fait sans effort particulier. L'important n'est pas d'être (trop) attentif à ce que l'on va dire, mais de l'être principalement à ce qui se dit et à ce qui se passe. On pourrait illustrer cela en disant que c'est la situation qui *appelle* votre intervention : le choix des mots, le ton, le moment exact seront bien plus efficaces et adaptés si vous les laissez venir comme une sorte d'évidence, comme une nécessité qui s'impose à vous autant qu'aux autres participants.

Comme nous l'avons déjà dit, animer un groupe afin que ses membres travaillent ensemble est principalement une question de pratique. C'est à vous de développer vos compétences propres, de prendre en compte ce qui pourrait vous apparaître comme des défauts pour, plutôt que de tenter de les réduire, apprendre à vous en servir. Nous reviendrons sur ce point.

Pour développer vos capacités d'action, toute occasion est bonne. À chaque réunion à laquelle vous participez, demandez-vous comment vous pourriez intervenir pour que cela se passe mieux. Au début, cela paraît inaccessible, et puis, avec le temps, on se rend compte que l'on progresse, puis on y prend plaisir, notamment parce que l'on obtient quelques résultats, puis la progression se fait régulière. Sachez seulement pour l'instant que, comme pour tout geste, on peut sans cesse s'améliorer. Cela n'a pas de fin.

L'ESSENTIEL

Conduire une réunion est d'abord et avant tout une question de pratique. Les situations sont par nature infiniment complexes, et le moindre détail, connu ou inconnu, peut en modifier le cours.

Première règle d'or : observez tout ce qui se passe
Si vous voulez avoir la moindre chance de « faire en sorte que » des personnes travaillent ensemble, observez tout. Tout ce que vous entendez, tout ce que vous voyez, tout ce que vous ressentez. Observez jusqu'au point où vos interventions en deviennent les conséquences nécessaires. Vous devez faire littéralement corps avec les situations que vous voulez maîtriser si vous souhaitez obtenir quelques réussites.

Deuxième règle d'or : repérez les détails en apparence incohérents
Tel propos vous surprend, telle attitude est imprévue : ce sont là des informations non décryptées qui sont de véritables occasions pour vous de prendre la mesure des logiques et enjeux sous-jacents. Ce que vous percevez ne représente qu'une part infime du minimum nécessaire pour agir juste. Ne vous trompez pas.

Troisième règle d'or : prenez votre temps avant d'agir
Vous en gagnerez infiniment plus par la suite. Une clé : tant que vos décisions ne sont pas des évidences à vos yeux, continuez d'observer.

Le Double Tour de Parole

Ce deuxième chapitre vous présente un premier outil de réglage d'un groupe. Vous pouvez l'utiliser de façon ponctuelle pour fonder un groupe, pour lui redonner de la cohérence ou de la force. Vous pouvez également utiliser cet outil de façon régulière pour maintenir une équipe dans un état de fonctionnement optimal.

Le Double Tour se pratique aisément dans des groupes, ou des sous-groupes, de trois à une douzaine de personnes. Dans certaines conditions, il est possible d'adresser des groupes plus importants en démultipliant la méthode. Le Double Tour est utilisable dans un très grand nombre de configurations, sans restriction particulière. L'adaptation au public se fait par l'animation et par le choix du thème.

Cet outil se retrouve explicitement, ou en filigrane, dans la plupart des autres présentés dans cet ouvrage. Il en est l'une des pierres angulaires.

Dans les années 1980, les entreprises japonaises avaient le vent en poupe. On entendait parler de leurs méthodes de travail révolutionnaires, qui se sont ensuite répandues dans de nombreuses industries et même dans les services. Certaines entreprises ont longtemps conservé et conservent encore cette image d'entreprises phares.

À l'époque, j'avais entendu dire que, lors des conseils d'administration de ces grandes entreprises japonaises, lorsqu'il y avait une décision d'importance à prendre, une décision engageant l'entreprise pour de nombreuses années, la question était d'abord posée, explicitement : que doit décider le conseil ? Ensuite, sans débat d'aucune sorte, chaque membre du conseil était invité à donner son avis à tour de rôle, de façon précise et concise. Si le conseil comptait quarante personnes, cela faisait quarante réponses. Aucun débat, aucun commentaire, il s'agissait là d'un strict tour de parole. Puis, une fois le tour de table terminé, on passait à la suite de l'ordre du jour.

Le mois suivant, la même question était reposée, sous la même forme, et de nouveau les quarante administrateurs donnaient leur réponse, les uns après les autres. Cela pouvait se reproduire plusieurs fois de suite, c'est-à-dire que cela se déroulait sur plusieurs mois. Mais au bout de six ou huit mois, la décision était partagée par tous et faisait l'objet d'un réel consensus. De plus, elle résistait fort bien à l'épreuve des faits.

Commentaires

Il peut paraître étrange de procéder d'une façon aussi détournée pour prendre une décision qui demanderait probablement la mise à l'épreuve des différentes thèses en présence. Pour comprendre pourquoi ces entreprises opèrent ainsi, il est nécessaire d'observer de plus près les effets concrets de la méthode suivie.

Écouter les arguments que soutiennent les uns et les autres permet de les valider, de les infirmer ou de les adapter pour aboutir à un utile compromis. Mais, si la décision demande plusieurs tours de table, cela représente autant de mois qui passent. Constatons tout d'abord que tous les avis sont exprimés et entendus. L'un des défauts du modèle du débat argumenté est que justement il écarte les positions qui apparaissent au premier abord décentrées. Du coup, de nombreuses nuances se perdent. Ici tous les avis sont entendus – et par tous –, ce qui multiplie les chances de comprendre l'ensemble des tenants et aboutissants de la problématique posée.

L'ordre de la prise de parole étant fixé à l'avance – il s'agit d'un tour de table –, chacun *sait* qu'il va parler et quand. Nul besoin donc de chercher le bon moment pour intervenir et faire entendre ses idées. Dans le format du débat ouvert, pour intervenir, chacun doit écouter avec attention ce qui se dit mais surtout dans la perspective de la forme et du moment de sa propre intervention. L'écoute n'est pas libre de préoccupations tactiques. De plus, cet exercice exige une grande concentration car l'intervention que l'on prépare doit être entendue et acceptée. L'attention se focalise totalement sur l'argument à mettre en avant, sur la recherche d'alliés ou l'apparition d'opposants éventuels, et sur le choix du moment le plus opportun pour le faire. L'intérêt général risque fort de passer en second plan. La méthode utilisée ici évite ces écueils. Chacun exprime son point de vue quel que soit celui des autres puisqu'il n'a pas besoin d'y répondre. De plus, n'ayant pas non plus à décider du moment de son intervention, il le fera en restant dans le cadre de la question posée dans son intégralité.

Chacun dispose a *priori* d'un temps pour donner son avis et attirer ainsi l'attention sur les aspects qui lui semblent essentiels. On est par conséquent plus disponible pour écouter le point de vue des autres, et a *minima* pour les entendre.

Un mois plus tard, la même question est posée, et de nouveau on procède à un tour de table strict, sans débat ni commentaire. Ce laps de temps permet que des échanges bilatéraux s'organisent et que chacun se prépare à répondre une fois encore à la question posée. Va-t-on redire la même chose ? Avec le temps, il est probable que les positions défendues par les uns et les autres se décantent. Il est possible que des éléments qui apparaissaient au départ indispensables perdent de leur importance, ou qu'au contraire un argument entendu fasse son chemin et que l'on finisse par en découvrir le bien-fondé.

Chacun, au moment de reprendre la parole, a en tête l'ensemble des positions exprimées. On a probablement obtenu des précisions qui manquaient, des éléments de réponses, des compléments d'informations, des questions auxquelles on n'avait pas pensé auparavant. Tout cela permet d'affiner son propos, de le nuancer, ou au contraire d'en renforcer certains aspects insuffisamment mis en lumière. On peut également être amené à préciser certains points qui seraient restés obscurs pour la majorité des inter-locuteurs.

Comme tous les participants sont *contraints* au même exer-cice – le mot est important –, chacun est amené à affiner, nuancer, préciser progressivement sa position et à tenter de l'intégrer dans ce qui se dessine sous les yeux de tous, sans perdre ce qu'il estime être important pour lui. C'est alors *l'ensemble des positions exprimées* qui se trouve pris dans un mouvement de recherche de la meilleure décision possible. Les chances de la faire émerger sont portées au maximum. Imaginons, par exemple, que se fasse jour, au troisième ou au quatrième tour, une opposition forte entre deux thèses. Les autres aspects ayant été stabilisés, chacun peut contribuer à éclairer l'alternative de son propre point de vue. On peut penser que, s'il existe des positions média-trices ou des compromis astucieux, ils auront de bonnes chances d'être exprimés pour tout ou partie par un ou plusieurs interlocuteurs. D'une certaine façon, c'est le groupe dans son ensemble qui se trouve dans une position de médiateur potentiel pour toute apparition d'opinions contradictoires.

Finalement, cette méthode prend en apparence du temps, mais elle permet d'intégrer progressivement les différents points de vue sans les figer dans des prises de positions. Personne ne perd la face, le consensus sur la décision à prendre émerge du processus mis en place. C'est de l'intelligence collective en action.

L'avantage supplémentaire, et non des moindres, est qu'après la prise de décision, tous les acteurs sont informés en profondeur des principales raisons l'ayant motivée.

Présentation de l'outil

Nous avons conçu le Double Tour de Parole en nous inspirant de cette méthode, mais en réduisant son exercice sur une seule séance de travail pour la rendre plus accessible. Cet outil permet de trouver, ou de créer rapidement, une unité de vision et de perception entre différents acteurs agissant dans une même situation.

Il s'utilise en préventif ou en curatif, régulièrement ou ponctuellement, avec des personnes qui se connaissent ou non, pour résoudre une difficulté passagère ou pour entretenir la cohésion d'un groupe. Sa simplicité et sa souplesse d'emploi lui permettent également d'être combiné avec d'autres techniques d'animation reposant sur l'emploi de règles simples.

Il s'applique bien à de petits groupes, de trois à douze personnes. Au-delà, il est conseillé d'organiser des sous-groupes, chacun appliquant la méthode, avec le même thème.

L'usage de cette façon de structurer les échanges produit des rapprochements de points de vue. Ou plutôt, elle permet d'en voir toutes les complémentarités. Imaginez que vous teniez à la main un gobelet vide, par exemple, et que vous demandiez aux personnes présentes de décrire la forme de l'objet comme si elle en prenait une photo. Chacun va décrire l'objet de son *point de vue*. L'un verra un objet blanc, en forme de trapèze s'affinant vers la droite, l'autre verra un cercle en creux, le troisième un cercle mais plein, un quatrième, peut-être, le même trapèze blanc mais s'affinant vers la gauche et portant une inscription etc. Le Double Tour permet à différents acteurs liés dans une même situation de prendre conscience que leurs différents points de vue ne sont en fait que des aspects particuliers de la réalité qu'ils partagent. Il faut souvent de longues discussions et beaucoup de bonne volonté pour y parvenir autrement.

L'entreprise, par exemple, est-elle avant tout une organisation ou un groupe humain ? Une entité financière ou un ensemble de méthodes ? Une structure technologique ou encore un système informationnel ? Tous ces aspects sont pertinents, mais comment saisir l'entreprise dont on parle à un moment précis de son histoire ? Comment définir ce qu'il est *nécessaire* de décider sans se tromper ? La méthode du Double Tour aide à l'émergence d'une évidence à partir des perceptions de ceux qui sont impliqués dans la situation.

RÈGLE DU DOUBLE TOUR DE PAROLE

Nombre de participants : Idéalement, entre 3 et 12.

Durée : Entre une et deux heures.

Animateur : L'un des participants.

Matériel nécessaire : Une salle avec de quoi s'asseoir. Les personnes doivent toutes se voir (cercle, carré, etc.). Quelques feuilles vierges, de quoi écrire. Rien d'autre.

Fréquence : Soit régulièrement, une à deux fois par mois, soit ponctuellement pour résoudre une difficulté particulière.

Déroulement : Formuler une question qui implique les présents, en termes clairs et compréhensibles.

Le groupe travaille ensuite en trois temps :

1. **Réflexion.** Lorsque la question est posée, chacun prend une dizaine de minutes pour y réfléchir et formuler ses réponses.

2. **Premier tour de parole.** Lorsque chaque participant a terminé, on procède ensuite à un premier tour de table sans interruption ni débat.

3. **Deuxième tour de parole.** Lorsque le premier tour est terminé, on démarre immédiatement un deuxième tour pendant lequel chacun donne son « écho » à ce qui s'est dit. La question qui l'initie peut être dérivée de celle-ci : « D'après moi, que se dégage-t-il d'essentiel du premier tour de parole ? »

Points clés

L'usage d'une règle

Une des forces du Double Tour est qu'il repose sur l'usage d'une règle simple mais très structurante. Chaque règle produit des effets spécifiques qu'il faut repérer pour bien les utiliser. L'illustration la plus évidente est celle des jeux ou des sports collectifs. Il y a plusieurs jeux qui utilisent des cartes, d'autres une balle ou un ballon, de différentes formes, d'autres des supports divers. Si on y réfléchit, chaque jeu crée une ambiance particulière, stimule différemment les participants, aiguise telle ou telle aptitude telle que la réflexion, la coopération, la stratégie, l'observation, la vitesse, l'adresse, etc. Tout cela est produit par une *règle particulière*.

Par exemple, le rugby a été conçu, paraît-il, pour que les jeunes élèves des écoles anglaises jouent ensemble, pour qu'ils apprennent à coopérer. Une équipe ne peut progresser et gagner que si elle joue le ballon de façon totalement collective. Il arrive que l'on modifie une règle, ou l'on invente des variantes, pour produire des effets différents. Dans le jeu des échecs, on peut jouer à ce que l'on nomme le « Dix monsieur » : chaque coup doit être joué en moins de dix secondes. La pétanque a été inventée par des invalides de guerre en modifiant les règles du jeu de boules afin de jouer sans bouger les pieds. Dans certains sports se jouant devant un public nombreux par exemple, la règle pourra être modifiée pour créer plus de suspens.

Ce qu'il est utile de retenir pour nous ici, c'est que *ce mécanisme qui induit un certain type de comportement* de la part d'un collectif à partir de l'énoncé d'une règle *peut être reproduit dans le monde professionnel*.

La nature de ce qui se passe dans un groupe qui œuvre ensemble est en grande partie le *résultat* de la règle choisie. Cette dernière peut être implicite, comme l'est la forme du débat contradictoire issue de la pratique de la rhétorique, elle n'en est pas moins active. L'usage du Double Tour, en posant explicitement une règle, permet de s'en rendre compte de façon rapide et concrète.

Le « deuxième tour » de parole

Lorsque l'on a pratiqué la méthode, on découvre que le deuxième tour est capital. C'est à ce moment qu'il se « passe quelque chose ». Le premier tour en lui-même apporte déjà beaucoup d'informations, car chacun s'exprime et entend ce que disent les autres. Le « simple » tour de parole, que vous pratiquez déjà probablement, est très utile en début comme en fin de réunion. En ouverture de réunion, il permet à chacun d'exprimer ses attentes, de se faire entendre par les autres ; en un mot, cela lui permet d'« entrer » dans la réunion. À la fin de ce tour d'introduction, chacun s'étant exprimé au moins une fois, chacun sait aussi à qui il a à faire. En fin de réunion, un tour de conclusion permet à chacun d'exprimer ce qu'il a à dire à ce moment-là et de façon concise, ce qui donne une information assez fine sur la façon dont s'est déroulée la réunion.

Ajouter un deuxième tour à la suite immédiate d'un premier peut paraître une idée curieuse. Lorsqu'il est annoncé d'entrée de jeu, il s'avère pourtant étonnamment efficace. Rappelons que les deux tours font partie d'un tout et qu'ils sont précédés d'un moment de réflexion individuelle d'une durée d'environ dix minutes. Regardons ce qui se passe : lors de ces dix minutes préparatoires, chacun réfléchit à la question elle-même et aux réponses qu'il va y apporter. Il sait qu'il y aura ensuite un second tour, et qu'il devra écouter les apports des uns et des autres pour pouvoir répondre à la seconde question. S'il est amené à écouter ce que disent tous les autres pour donner une réponse pertinente au deuxième tour, ce qu'il va dire lors du premier tour sera également écouté avec attention.

Cette double attention, à ce que l'on va dire soi-même et qui va être écouté, et à ce que vont dire les autres, *implique naturellement* chaque membre dans l'exercice en cours. Le premier effet du deuxième tour se situe là, dans cette introspection active et silencieuse. Avec un peu d'habitude, on voit que ce phénomène se déclenche au bout de trois à quatre minutes ; les participants se mettent à aller au-delà des premières idées qu'ils avaient déjà en tête lorsque l'exercice est annoncé et les questions posées. La règle proposée les invite discrètement mais efficacement à approfondir leur réflexion, notamment pour éviter de dire des banalités ou des évidences que tout le monde entendra. Sans se dévoiler au-delà de ce qui est nécessaire, chacun fait un pas de plus vers les autres, il en dit *un peu plus* que ce qu'il avait prévu, ou que ce qu'il aurait dit en l'absence de ce deuxième tour de parole. Ce premier effet joue sur la qualité de ce que chacun apporte et sur un degré d'engagement supérieur.

Le deuxième tour crée un second effet. Chacun a donné son opinion, et souvent, du fait de ce qui vient d'être dit, cette opinion est assez sincère. Il n'est pas rare que ces opinions soient plus proches les unes des autres, que ce qu'un débat aurait laissé paraître. Lors du deuxième tour, il est fréquemment fait état de ces convergences. Ce mouvement perceptible par tous, partant d'avis individuels en général assez tranchés, ou supposés tels, et convergeant vers une unité de vue, crée une sensation de présence à laquelle nous ne sommes plus habitués dans le monde professionnel.

Pour que vous compreniez ce que nous cherchons à vous dire, pensez au gobelet. Lors du premier tour, chacun décrit le gobelet tel qu'il le voit, et au second, chacun s'accorde sur le fait que c'est bien de ce gobelet-là dont tout le monde parle. Le Double Tour ramène à l'« objet » dont il est question. Le groupe se découvre collectivement impliqué dans une réalité concrète que chacun de ses membres reconnaît comme telle. Une sensation d'évidence peut émerger dans certaines occasions ; elle correspond, de façon très simple, à la situation d'un groupe de personnes qui, après avoir pesé le pour et le contre de différentes hypothèses, s'accordent pour agir de concert. Cela s'observe fréquemment auprès des groupes qui ont une longue habitude de travailler ensemble. Ils ont appris à régler leurs différends sans perdre les apports des uns et des autres. Ce fait s'observe également dans la majorité des sports d'équipe, où la notion de collectif est centrale, ou dans les troupes de théâtre, les formations musicales, qu'elles soient de jazz, de musique classique ou autres. Si vous y prêtez attention, vous verrez émerger cette même sensation lors des Doubles Tours auxquels vous participerez.

À ce stade, il peut être bénéfique de revenir sur les effets d'un mode de discussion que nous connaissons tous bien. Nous l'utilisons si couramment que nous perdons de vue qu'il ne s'agit là que d'une façon parmi d'autres de régler les échanges entre plusieurs personnes réunies autour d'un même sujet. Lorsqu'une discussion s'installe dans un groupe, qu'observe-t-on le plus fréquemment ? Une idée est lancée par quelqu'un, si un autre la conteste, très vite le débat se polarise sur le fait d'être d'accord ou non avec l'idée initialement émise. Chacun se demande alors s'il se rallie plutôt à l'une ou l'autre des thèses en présence. La recherche de l'argument prend le pas sur l'objet de la réunion.

Pour sortir de cette situation, il peut être nécessaire de faire appel à l'arbitrage d'un hiérarchique, d'un expert, ou d'utiliser des services d'un médiateur. Si l'on y prête attention, nous retrouvons là la logique d'un procès : il y a opposition sur un droit, il y a des avocats qui défendent chacun leur partie, et un juge chargé de trancher. Le « procès » est un processus (ces deux mots ont la même racine) qu'il est recommandé de suivre pour *aboutir* à une bonne décision ou à un jugement de qualité. Mais pourquoi la polarisation entre deux thèses opposées, ou entre l'acceptation d'une thèse et son refus, nous semble-t-elle si naturelle ? Elle n'est pourtant pas le seul mode de discussion et de prise en compte des points de vue de chacun. Si l'on pense à la façon dont se déroule une réunion de chantier entre des gens qui ont l'habitude de pratiquer ensemble, c'est plutôt l'écoute successive des différents points de vue qui prévaut. La décision apparaissant comme une sorte de nécessité s'imposant à tous. La pratique du Double Tour de Parole organisé à partir d'une question unique rend ce fait évident.

Le choix de la question initiale

Ce point est crucial pour que l'usage de la méthode donne des résultats. Si la question ne concerne pas ou peu les participants, il ne se passera rien, ou quasiment. Le Double Tour *associe une procédure* qui doit être suivie précisément – réflexion, premier tour, second tour –, *à la pertinence du thème retenu.* C'est cette association qui fait toute l'efficacité de la méthode.

C'est d'ailleurs une particularité des outils proposés dans cet ouvrage que de *s'appliquer aux réalités telles qu'elles sont appréhendées par les participants.* Si nous voulons que des personnes *travaillent ensemble*, il faut bien prendre appui sur leurs rapports individuels à la réalité commune. Si l'on tente d'objectiver la situation, ce qui est louable, le risque est d'obtenir un accord intellectuel des personnes, mais sans leur engagement, ce qui arrive fréquemment. Pour avoir une chance d'obtenir les deux, les implications individuelles de chacun et une vision partagée objectivée par tous, il est conseillé de *commencer* par les liens individuels à une situation non encore définie. Tout le rôle de la question initiale est précisément d'amorcer ce processus d'objectivation collectif sans perdre l'implication de chacun des participants. Et au-delà, de le démultiplier par un effet de synergie.

La question initiale répond ainsi à deux caractéristiques précises : elle doit concerner fortement *chaque* participant, et elle doit les concerner *tous* de façon quasi égale. Pour être précis, la question posée doit se situer au *centre de gravité des préoccupations du groupe.*

Il n'y a pas de méthode particulière permettant de *déduire* la « bonne question » à partir d'une situation donnée, mais avec de l'habitude on y arrive très bien. Le fait qu'une question importante, que chacun se pose, soit clairement formulée, qu'il n'y ait que dix minutes pour y réfléchir, et que chacun doive se prononcer publiquement sur sa position, a un effet très actif sur les participants. Cet effet est d'ailleurs utile pour soi-même car il oblige à interroger ses convictions, à approfondir ses réflexions et à chercher à les mettre à jour. Souvent il suffit de quelques minutes de réflexion personnelle pour se faire une opinion assez sûre sur un sujet donné, si l'on a déjà les informations nécessaires par ailleurs, bien évidemment. Ici ce travail se fait en associant simultanément plusieurs acteurs sur une seule et même question, ce qui favorise une concentration extrêmement forte sur le sujet traité. La qualité de la question posée initialement a un effet direct sur la puissance de cette concentration.

Conseils d'animation

Comme précisé en introduction, cette règle de travail peut servir ponctuellement ou régulièrement pour « maintenir » l'efficacité d'une équipe ou d'un groupe. Dans tous les cas de figure, un outil s'utilise dans un contexte donné et en fonction d'une intention. À vous d'évaluer la situation et de juger si elle nécessite l'usage de tel ou tel outil de structuration de la parole collective. À vous également de savoir pourquoi vous décidez d'y recourir : quels objectifs visez-vous ?

Ensuite, vous devez évaluer la probabilité d'engagement des participants. S'ils dépendent de vous, la décision sera plus facile à faire accepter, mais seulement en apparence. En effet, l'efficacité de la séance sera à la hauteur de la compréhension et de l'approbation par tous de l'utilité de ce travail commun.

Quel que soit le cas de figure, le meilleur levier d'engagement est le constat partagé de la nécessité de « faire quelque chose » pour avancer. Dans le cas où les participants connaissent déjà la méthode et sont rôdés à sa pratique, la décision se prend de façon collégiale, sur des arguments plus objectifs. Si ce n'est pas le cas et qu'ils ne connaissent pas la méthode, le plus simple est de proposer d'essayer une méthode de travail simple que vous connaissez, et en arguant du fait que cela permettra d'équilibrer les points des uns et des autres. Restez sobre et demandez-leur si cela leur convient.

Le mot peut-être le plus important pour animer un Double Tour pourrait être le mot « naturel ». Un Double Tour ne s'impose pas, il se propose. Et il se propose, comme nous venons de le voir, à un moment qui en rende l'usage presque évident. C'est parce que les participants comprendront l'utilité de l'exercice qu'ils s'y prêteront volontiers. Cet exercice n'a d'intérêt que s'ils jouent le jeu de façon *naturelle*.

Ensuite, il y a une règle. Elle est simple mais elle doit être suivie strictement. Cette règle est très facile à énoncer : il y a une question, dix minutes de réflexion et puis deux tours de parole. Chacun peut rapidement la comprendre et n'a pas besoin de faire d'effort pour la retenir, ce qui libère les esprits et les laisse disponibles pour la réflexion.

Comme nous l'avons vu dans les points clés, le choix du thème de réflexion est important. Il est conseillé de le formuler sous la forme d'une question. Il est parfois possible de le définir avec le groupe, mais attention à ne pas tomber dans un débat : négociez les nuances, les formulations, mais ne perdez pas la dimension active de la question. Si on vous demande si « un projet est bon », vous aurez tendance à répondre brièvement ; en revanche si on vous demande, par exemple, si « vous êtes prêt à vous engager dans ce projet et pourquoi » ou « d'après vous, quels sont les trois principaux risques de ce projet », il est probable que vous prendrez le temps de réflexion proposé pour y répondre. Si la réponse à la question vous implique, vous aurez naturellement tendance à y réfléchir un peu sérieusement.

Le thème choisi peut être de circonstance : « Comment résoudre la difficulté qui est devant nous ? » Il peut être plus large, par exemple : « Quelles sont les potentialités inexploitées que nous pourrions concrétiser ? », « Comment doit évoluer notre métier ? », « Quelles nouvelles impulsions devons-nous donner aux équipes dans le mois qui vient ? »

Dans certains cas, il peut être astucieux de poser une question double, contenant deux polarités, comme par exemple : « D'après vous, quelles sont les potentialités de la situation, et quels sont les principaux freins qui nous empêchent de les concrétiser ? » S'il s'agit de maintenir la cohésion d'un groupe, on peut tenter de transformer en question les points apparus dans la période récente, ou mettre en exergue des objectifs à atteindre.

L'une des clés consiste à poser des questions qui *impliquent* les présents. Il s'agit plus de les interroger sur leurs convictions ou sur des actions pour lesquelles ils pourraient s'engager que sur des idées. C'est le bon équilibre entre liberté d'expression et conviction que le thème doit servir. Une équipe qui travaille avec ou sans son responsable ne réagira pas de la même façon. Si on reprend la question « Comment résoudre la difficulté qui est devant nous ? », elle peut être posée dans les deux cas, en sachant que les personnes risquent d'en dire moins en présence d'un hiérarchique. C'est vrai, mais dans ce cas, ce qui sera dit aura plus de poids, puisque dit en présence de ce dernier.

Nous pourrions continuer ainsi à imaginer une infinité de cas de figure et à préciser une infinité de nuances. Le but n'est pas de vous perdre dans ce dédale, mais de souligner que tout exercice pratique impliquant des personnes en leur permettant d'interagir – ce qui est bien au cœur du fait de « travailler ensemble » – est *toujours* sujet à ce phénomène. *Toute* réalité peut s'analyser à l'infini. *Le management et le pilotage de projet se font avec une situation réelle, concrète, singulière et qu'il s'agit de ne pas perdre de vue.*

On peut prendre ici l'exemple de la natation, du vélo ou de la lecture : *on ne sait pas* comment le corps humain fait pour trouver son équilibre sur un vélo, *on ne sait pas* comment un enfant apprend à lire (du moins au moment où nous écrivons ces lignes et selon les modestes connaissances que nous en avons), mais cela n'empêche personne d'apprendre à faire du vélo, à nager ou à lire. Piloter un collectif s'apprend comme le vélo, en décidant de se lancer. Pour prendre une expression triviale, dans le domaine du geste, « on fait d'abord et on sait faire ensuite ». Pour animer un Double Tour, exercice qui s'avère simple à piloter, il en va de même que pour tout geste : on « sent » très bien ce qui va marcher. Et on « sent » très bien, *si on se lance*, ce qu'il faut faire pour que le mouvement se poursuive.

Un premier point de repère : si les personnes réagissent à la question que vous leur proposez et qu'ils vous disent qu'il n'est pas facile d'y répondre, mais qu'ils pensent néanmoins qu'il est indispensable d'y réfléchir, sachez que c'est très bon signe.

Un second point de repère : comme nous venons de le voir, il n'y a pas de méthode qui permette de trouver automatiquement la bonne question, celle qui produira des effets intéressants. Il est plus aisé de *reconnaître* une bonne question que de la trouver. D'où l'utilité de préparer la séance en imaginant plusieurs questions possibles.

Pour avoir le maximum de chances de trouver la question adaptée à la situation, gardez-vous de la communiquer à l'avance. Tout d'abord pour avoir la possibilité de l'adapter à l'état d'esprit ambiant du groupe ; il suffit en effet qu'un événement touchant les participants se soit produit peu avant pour qu'ils soient totalement décentrés par rapport à ce que vous aviez prévu. Deuxième raison, si vous donnez la question à l'avance, les personnes vont y réfléchir de façon inégale et préparer des réponses qui n'auront pas été conçues en présence des autres. Curieusement, ces réponses préparées n'auront pas la même qualité que si elles avaient été trouvées en séance.

Reprenons maintenant le déroulement d'un Double Tour dans sa dynamique d'ensemble. Lorsque vous avez posé la question et que vous êtes assuré que chacun l'a bien comprise, vous lancez les dix minutes de réflexion. Une fois que la règle est posée, vous l'appliquez à vous-même, comme pour les autres. Très rapidement, vous vous rendrez compte qu'un certain nombre d'idées émergent à ce moment-là. Ce temps cadré vous permet aussi de faire passer quelques messages, de faire toucher du doigt certaines réalités. Restez factuel, simple, dites ce qu'il vous semble utile à dire.

Lorsque les dix minutes sont passées, ou plutôt lorsque tous les présents ont manifestement terminé d'écrire, de raturer, de réécrire, lorsque leurs regards quittent les murs ou le plafond pour se diriger vers vous, que cela soit un peu avant ou un peu après le temps annoncé, lancez le premier tour de parole. Veillez à ce que celui qui commence réponde à la question posée et non à une autre, ce qui est rare. Ce qui peut arriver, c'est que l'on explique, commente sa réponse, il vous suffit alors de rappeler que l'on s'en tient à la réponse, sans autre commentaire. Veillez également à ce que ce ne soit ni trop long ni trop court, car les autres vont se calquer en partie sur ce premier exemple. Cela dit, l'idéal consiste à ne pas intervenir du tout. Cependant, réagissez tout de suite si quelqu'un intervient en dehors de son tour ou pour dire autre chose que le contenu de sa réponse. Dites que vous avez prévu un moment de discussion après ce travail. Si nécessaire, expliquez le pourquoi de la consigne : si un débat s'instaure, cela focalise l'attention des présents sur autre chose que le cœur de la question posée. Et puis reprenez.

Lorsque le premier tour est terminé, l'animateur invite celui ou celle qui a commencé le premier tour à engager le second. À ce moment-là, vous pouvez rappeler la question du second tour. Elle est toujours liée à la perception de l'ensemble de ce qui a été dit. Si vous le jugez opportun, vous pouvez donner une image pour illustrer l'exercice, par exemple celle d'un tableau impressionniste : de près on voit des tâches de couleur jaune, bleu, verte, mais de loin on voit apparaître une maison avec un étang. Lors du premier tour, chacun a donné des avis particuliers par ses réponses, mais dans l'ensemble, qu'apparaît-il ? Vous pouvez laisser quelques minutes de réflexion si le groupe le demande.

En général, les grandes convergences apparaissent lors du deuxième tour de parole. Il peut être utile, selon le contexte, de formaliser ces éléments à la suite du second tour de parole. Le faire en fonction du contexte, des méthodes de travail habituelles et des suites à donner à ce travail.

Vous pouvez prendre des notes pendant les deux tours de paroles, car ce qui est dit concentre une très grande quantité d'informations, que vous ne pourrez ni mémoriser, ni intégrer en si peu de temps. On ne retient en général qu'une très faible part de ce que l'on entend, moins de 20 %, et la compréhension des mots entendus demande souvent un temps de décantation personnel. Il est recommandé de prendre ces notes sous forme de *verbatim* en respectant au mieux les formulations employées par chacun, car elles sont une mine d'informations pour tous les participants. À la suite de la séance, plutôt qu'un compte-rendu, vous pouvez envoyer l'intégralité de vos notes à tous les participants.

Variante : travailler à deux

La méthode fonctionne également très bien à deux. Lorsqu'un sujet demande réflexion, et si vous prenez l'habitude de vous servir de Double Tour avec un associé, un partenaire, un collaborateur, un interlocuteur, etc., vous verrez que l'on dit beaucoup plus de choses à l'aide de cette méthode qu'en échange sous forme habituelle. Et que l'on réfléchit bien plus efficacement, bien plus en profondeur. Les résultats n'en sont pas comparables. Conservez bien les dix minutes de réflexion silencieuse initiale, les deux tours et l'interdiction de s'interrompre.

Quelques « gestes » pratiqués par les participants

Participer à un Double Tour de Parole est une occasion de :

▷ **réfléchir** à ce que l'on doit dire à des interlocuteurs présents ;

▷ **écouter** les autres avec attention afin de pouvoir donner un écho cohérent lors du second tour ;

▷ **formuler** avec attention ce que l'on dit ;

▷ **synthétiser** rapidement un ensemble de propos et trouver la ligne directrice d'un ensemble de positions personnelles ;

▶ **découvrir** les liens potentiels existant entre les membres d'un groupe, quel qu'il soit, et la capacité de ce dernier de se trouver rapidement une cohérence ;

▶ **mesurer** l'écart entre des perceptions personnelles et l'expression d'une réalité collective.

L'ESSENTIEL

La méthode du Double Tour de Parole permet d'accroître la capacité de réflexion collective d'un groupe. Elle s'utilise dans toutes sortes de configuration, en réunion de travail, entre pairs, avec des personnes qui se connaissent ou non, etc.

Sa dynamique s'appuie sur une structure à trois temps à partir d'une question posée : réflexion silencieuse, premier tour de parole, second tour en écho au premier. Son intérêt principal réside en sa capacité à créer très rapidement un collectif.

Cette méthode peut être utilisée pour :
• résoudre un problème, y compris un conflit ;
• créer et maintenir la cohésion d'un groupe ;
• explorer de nouvelles potentialités.

CHAPITRE 3

La Méthode des Échos

Ce troisième chapitre vous présente un outil collectif de développement des capacités professionnelles de ses membres. Il est plutôt adapté à un groupe de pairs – en retenant une définition assez large du terme – qui seraient appelés à se revoir régulièrement. Un format tel que celui d'une réunion de deux heures par mois est idéal.

Si l'on souhaite développer les capacités de coopération d'un collectif, cet outil est fortement conseillé car il est le plus adapté pour en accompagner la progression. Pour commencer, il vous suffit de trouver des personnes, entre 5 et 10, qui souhaitent également progresser dans ce domaine, sans avoir besoin d'être trop strict quant à la définition de ce que chacun recherche, mais en l'étant sur la méthode suivie. Pour progresser, donnez-vous régulièrement un moment vous permettant de pratiquer. Ensuite, rien ne vous empêche d'utiliser cette méthode pour développer les capacités des membres de vos équipes si vous en avez, en l'adaptant à chaque contexte.

C'était un soir, nous étions une douzaine de personnes réunies pour une séance de travail dont je connaissais à peine l'objet. « Tu verras, m'avait dit Pascal, ce n'est pas compliqué, il y a quelqu'un qui nous présente son projet de création d'entreprise, nous le challengeons et puis nous prenons notre décision. L'idée est de constituer un capital nous permettant d'aider à la création d'entreprise. Toi, tu as des compétences en contrôle de gestion et en commercial. Parfait. »

Qu'avais-je à perdre ? Je souhaitais réfléchir à mon avenir professionnel et je manquais d'idée. Je ne pensais pas du tout à la création d'entreprise me concernant. Pascal m'avait certifié que cela n'avait aucune importance.

C'était un grand gaillard, un peu intimidé par tous ces hommes en cravate, costumes sombres, certains avec des lunettes, leur bloc-notes sorti et le stylo prêt à écrire.

« Bonjour, je viens du secteur des travaux publics. J'ai un projet de tractopelle miniature. J'y vais ?

— Nous vous écoutons. »

L'homme est progressivement entré dans son sujet, s'animant au fur et à mesure qu'il décrivait son projet, nous expliquant les difficultés des entreprises dans de nombreux cas de figure. En observant tout cela, il s'était rendu compte qu'il manquait une entrée de gamme dans le marché des tractopelles. Il évaluait le marché à plusieurs centaines d'unités par an, il avait calculé le coût de fabrication, de commercialisation, prévu l'apparition de deux ou trois concurrents et établi une stratégie de développement à cinq ans. J'étais très impressionné, me disant, c'est bon, il va l'avoir son financement, surtout que manifestement il en a besoin.

À la fin de l'exposé, Pascal a annoncé : « Bon, maintenant, le tour de table. »

L'effet en a été extraordinaire, du moins pour moi. Chacun a donné son avis sur le projet, sans qu'il y ait de discussion, de débat ou de commentaire. Chacun parlait à tour de rôle. Ce qui était étonnant, c'était le degré de précision avec lequel l'ensemble des avis a cerné la réalité du projet. J'entendais des choses auxquelles je n'aurais jamais pensé mais qui me semblaient extrêmement pertinentes. C'est comme si nous passions d'un schéma certes bien fait à une description quasi photographique en trois dimensions, avec coupes pour les détails. Toutes les faiblesses du projet me sont apparues les unes après les autres. Et là, je me suis dit : « Il n'a aucune chance, le pauvre ! »

Lorsqu'on lui a demandé ce qu'il retirait du tour d'écho qui lui avait été fait, notre candidat a reconnu que c'était très complet et que plusieurs des points soulevés touchaient juste. La proposition qui lui a été faite ensuite fut de l'aider à monter un projet plus solide ; trois membres du groupe prendraient contact avec lui pour cela. Une fois validé, personne n'avait intérêt à ce que le projet n'aboutisse pas.

« Tu vois, m'a expliqué ensuite Pascal, des projets comme cela, il y en a des dizaines par mois. Notre rôle est de faire prendre conscience aux candidats qu'ils peuvent avoir des points faibles, par exemple le commercial pourra être insuffisant administrativement ou techniquement, le technicien ne saura pas vendre, celui qui a travaillé trop longtemps dans une grande structure aura du mal à appréhender les choses par lui-même. Nous, nous évaluons son projet d'un côté, et sa capacité d'écoute de l'autre. S'il ne sait pas tirer parti des compétences que nous lui offrons, nous nous retirons car l'échec est garanti. En revanche, s'il écoute et si le projet est bon, cela vaut le coup de tenter l'aventure.

— Mais comment faites-vous pour aller si vite pour valider son projet ? Comme ce soir par exemple ?

— Très simple, tu mets dix personnes qui ont un peu appris à écouter ensemble, tu demandes à chacune de ne dire que ce qu'elle voit, elle. Tu as entendu ce soir, chaque écho était très précis ; les gens ne recomposent pas ce qu'ils écoutent, ils donnent juste leur point de vue, tel qu'ils le perçoivent. Ce sont autant de constats, les plus objectifs possibles. Cela te donne en très peu de temps une vision d'ensemble assez exacte d'un projet.

— Pour lui, ce n'était pas très facile à vivre.

— Sur le moment oui, mais s'il veut se lancer et résister aux difficultés qu'il rencontrera, autant qu'il ait un peu d'entraînement. Et puis, as-tu remarqué comme il était heureux à la fin ?

— Oui, car vous allez l'aider.

— Pas seulement. Il a appris énormément de choses sur son propre projet. Il a passé un moment difficile, c'est vrai, mais ses bases sont bien plus solides maintenant. Et puis, ce n'est pas fini, il a encore des progrès à faire. Que crois-tu qu'il faille lui souhaiter ? De progresser ou de stagner ? »

Je suis rentré songeur chez moi ce soir-là. Des années plus tard, l'image de ces visages qui, les uns après les autres, ajoutaient une nouvelle dimension à ce que j'avais si mal entendu me marque encore : quelle puissance que celle de l'écoute collective ! Comment oublier une telle leçon ?

Commentaires

Nous avons affaire ici à un groupe qui sait visiblement travailler ensemble. La méthode est simple, parfaitement connue et appliquée. Elle répond à un objectif particulier qui est celui de l'évaluation d'un projet présenté par une personne qui est inconnue au départ.

Cette méthode de travail est ensuite intégrée dans un ensemble plus vaste dont on peut deviner l'amont (trouver et qualifier les projets qui seront présentés) et une part de l'aval (accompagner le candidat, valider définitivement le projet, monter en puissance avec lui).

Ce qui est transposable, quel que soit le contexte et quels que soient les objectifs que l'on se donne, est cette capacité collective d'écoute et ce qu'elle peut produire d'utile.

Repérons maintenant quelques aspects caractéristiques de la méthode suivie dans cet exemple.

Premier point, le déroulement est connu de tous et répond à un enchaînement de consignes précises. Dans ce cadre, le candidat présente son projet sans être interrompu. L'écoute en est facilitée car ce qu'il dit et la façon dont il le dit lui sont totalement imputables. À ce moment-là, toute question ou tout commentaire influencerait le déroulement de sa présentation et modifierait son discours. Les omissions sont également des informations repérables par ceux qui ont pour tâche de l'écouter.

Quelqu'un qui s'exprime sur un sujet qu'il maîtrise et à qui on laisse le loisir de dire ce qu'il pense devoir dire offre deux choses à ceux qui l'écoutent : un contenu, ce qui est en général entendu, et les clés de lecture de ce qu'il dit, ce qui est bien plus rarement repéré. Une autre personne décrivant le même projet ne le ferait probablement pas de la même façon. La différence ne vient pas du sujet mais de la façon de le considérer, de la façon de l'appréhender, etc.

Comprendre les liens qui existent, ou qui peuvent exister, entre un contenu que l'on essaie de saisir et la façon dont il est présenté est extrêmement instructif des rapports existants entre la personne et ce qu'elle dit. Il est possible de repérer des redites, des zones d'ombres, parfois des contradictions. Les écarts sont aussi intéressants à repérer. Parfois ce qui est ajouté à la fin de l'exposé et qui diffère du cœur du sujet est significatif car cela peut indiquer une préoccupation sous-jacente. Une présentation correspond à la partie visible d'un iceberg ; le but d'une telle séance est d'évaluer ce qui ne se voit pas. Tous ces éléments sont à repérer puis à essayer de réintégrer dans un ensemble plus large.

Le bon réflexe consiste à tout écouter et tout retenir sans trier *a priori*. L'écoute est le plus souvent sélective, c'est-à-dire que celui qui écoute imagine souvent avoir compris la situation exposée dans son ensemble, et *efface* ce qui n'entre pas dans ce schéma. Ce fait est extraordinairement courant. Ne pas conclure trop vite à partir d'un indice entendu est un véritable effort auquel nous ne sommes pas habitués.

Deuxième point, l'écho sur le fond est fait dans un second temps, bien distinct du moment de l'exposé. Ce fait est capital, pour la raison qu'il permet de ne pas déformer le signal. Il est essentiel de découvrir ce que la personne dit de son projet si on ne l'interrompt pas. Toute question posée ou tout commentaire émis à ce moment est susceptible de modifier ce qu'elle allait dire, car cela peut lui rappeler une dimension qu'elle avait omise, un détail qui lui paraît soudain important, induire des interférences dans son esprit, la déstabiliser, etc. L'exposé pose le sujet et le décor, et le tour d'écho donne autant de visions du projet qu'il y a de personnes dans la salle. Le fait de ne pas interrompre un exposé permet de bénéficier d'une expression complète et cohérente qu'il vous sera ensuite loisible d'analyser dans sa globalité, sur la forme autant que sur le fond.

Un tour d'écho tel que celui-ci est une source intarissable de réflexions. Lorsque chacun a écouté et validé ses hypothèses en fonction de sa propre écoute, il se fait une idée de l'ensemble. Ce qui est extraordinaire, c'est de percevoir à quel point les visions données peuvent (presque !) toutes être reconnues comme exactes, et à quel point elles peuvent différer les unes des autres. On perçoit de façon immédiate la différence entre l'objet observé et le *point de vue de chacun*. Lorsque l'on considère un objet physique, cela ne nous étonne pas. Les Pyrénées, vues de Castres, de Banyuls ou de Foix ou encore d'un bateau sur la Méditerranée, apparaîtront sous des formes différentes, comme le gobelet que nous évoquions plus haut. Pour une réalité impalpable comme peut l'être un projet ou une situation, il est toujours étonnant de remarquer qu'il en va *strictement* de même. Les points de vue de chacun enrichissent l'appréhension que l'on peut avoir d'une situation, comme si cela nous permettait l'accès à toute son épaisseur ou à tout son relief. Plusieurs dimensions s'agrègent sans pour autant dénaturer notre perception.

Dans certains métiers et comme nous l'avons déjà évoqué, on sait encore pratiquer ce que l'on appelle la « réunion de chantier ». On y retrouve la même structure de circulation de la parole. Le problème est posé, l'état du chantier est visible par chacun, et il est en général procédé à un tour de parole :

chacun donne sa perception des choses, sans être interrompu par les autres. Cela donne autant de points de vue d'une même réalité. On pourrait dire que la réalité est un volume que chacun ramène à une surface en la *réfléchissant*. Nous obtenons alors plusieurs « photographies » dont la totalité aide chacun à appréhender l'ensemble. Chaque photographie éclaire l'objet ou la situation sous un *angle* particulier, chacune *précise* ce que les autres n'ont fait qu'entrevoir. Au final, on peut dire que les autres, si on a appris à les écouter, nous aident à mieux voir ce que l'on regarde.

Présentation de l'outil

La Méthode des Échos s'intitule ainsi car elle s'appuie sur *les échos* que donnent les participants à la présentation d'une problématique. Elle est applicable pour valider un projet, cas de l'histoire ci-dessus, mais elle est le plus souvent employée à l'intérieur d'un groupe de pairs. L'intérêt principal de la méthode est qu'elle permet à chacun des membres du groupe de progresser efficacement. Il existe une infinité de méthodes plus ou moins développées reposant sur le principe d'un exposé suivi des échos des autres participants ; ici nous insistons sur la régularité de l'exercice et sur l'ajout du deuxième tour car il démultiplie l'efficacité de la méthode. Cette méthode peut facilement être transposée dans différents contextes, sans formation particulière.

RÈGLE DE LA MÉTHODE DES ÉCHOS

Nombre de participants : Entre 5 et 15.
Durée : Entre une et deux heures.
Animateur : Conseillé, sans formation particulière.
Matériel nécessaire : Une salle avec table et chaises. Quelques feuilles vierges, de quoi écrire. Éventuellement, si l'orateur en a besoin, un projecteur.

.../...

RÈGLE DE LA MÉTHODE DES ÉCHOS

Fréquence : Une séance par mois est un bon rythme. Ou à la demande.

Déroulement :

1. **Exposé.** À chaque séance, l'un des membres du groupe présente une problématique. L'exposé doit être concis et complet, d'une durée de 10 minutes environ. N'accepter aucune interruption pendant l'exposé.

2. **Le tour d'écho.** À la fin de l'exposé, chacun « donne son écho » à tour de rôle, toujours sans aucune interruption de la part des autres. L'orateur se tait également.

3. **L'orateur** peut ensuite réagir s'il le souhaite. Il lui est conseillé de ne pas justifier ses positions, mais d'essayer de tirer parti de ce qui lui a été renvoyé.

4. **Second tour d'écho.** Il est conseillé de faire un second tour, plus rapide, pendant lequel chacun tente de prendre du recul par rapport à l'exposé initial et de résumer les enseignements qu'il retire de la séance.

Points clés

Le choix de la problématique

La problématique doit être réelle, incarnée. Il ne s'agit pas d'un cas d'école ni d'un cas théorique, mais de la situation à laquelle l'orateur est concrètement confronté. Il a besoin de trouver une solution à une difficulté qui se pose objectivement à lui. Elle peut être bien ou mal définie, personnelle ou contextuelle, structurelle ou conjoncturelle, l'essentiel est qu'elle *empêche* celui qui l'expose de progresser.

Cette difficulté peut donner lieu à une préparation afin d'aider l'orateur à focaliser sa présentation sur le cœur de son exposé. Dans ce cas, il s'agit d'aider l'orateur à ne pas se perdre dans de multiples considérations, ou à tenter de conforter ce qu'il pense, et de l'amener à se centrer sur la description précise de ce qui le freine. Il s'agit plus de décrire des faits et des sensations que d'évoquer des idées.

Par exemple, un candidat pilote un projet transversal et constate que l'un des responsables de département, dont la réussite de son projet dépend directement, s'oppose régulièrement aux actions qu'il mène. Dans ce cas, il est possible que l'orateur ait tendance à se plaindre de ce comportement et cherche plus à justifier son incompréhension qu'à trouver une solution pratique à la situation. Il est possible également qu'il cherche à expliquer à l'assistance ce que cette personne devrait faire pour que cela marche, ou ce que ses responsables devraient exiger d'elle. Tout cela ne lui sera d'aucune utilité car l'assistance n'a aucun pouvoir sur la situation décrite. L'orateur recueillera des retours plus productifs s'il fait part de ses interrogations. Il peut, par exemple, se demander pourquoi son interlocuteur s'oppose ainsi à ce qu'il propose, et donner en ce faisant à ceux qui l'écoutent des informations complémentaires sur le contexte de l'opération. Ce sont en effet souvent des petits détails apparemment anodins qui permettent de mettre ceux qui écoutent sur la piste d'une interprétation fructueuse.

Comme cela a déjà été dit, il s'agit de décrire une problématique concrète avec un degré de précision suffisant, non de l'expliquer.

Le principe de réciprocité

Précisons tout d'abord ce que nous entendons par principe de réciprocité. Si l'on considère un groupe donné, on peut imaginer que l'un des membres ait une responsabilité différente de celle des autres, et dans ce cas, il n'y a pas réciprocité entre tous les membres : une équipe avec son manager, une troupe de théâtre et son metteur en scène, une assemblée et son président, etc. Il n'y a pas non plus de réciprocité lorsque les uns et les autres n'ont pas les mêmes responsabilités. On parle de réciprocité si, dans un collectif, *tous* les membres sont dans la même relation les uns par rapport aux autres, comme cela peut être le cas dans une coopérative ou pour un groupe de pairs. Le principe de réciprocité implique premièrement que l'animateur est l'un des membres du collectif, deuxièmement que les rôles particuliers, s'il y en a dans la méthode, soient remplis successivement par tous les membres. Dans la Méthode des Échos, par exemple, il y a une personne qui présente une problématique à chaque séance ; tous doivent alors se prêter à l'exercice, à tour de rôle.

Le fait que tous les participants jouent le jeu et respectent le principe de réciprocité est l'une des clés d'efficacité de la méthode pour que des pairs développent leurs capacités professionnelles. La raison en est simple : si vous savez que vous allez vous exposer au jugement des autres, vous n'aurez *automatiquement* pas la même attitude envers celui qui s'expose. Vous partagez la même aventure, les mêmes expériences, il y aura un sentiment d'identité commune. Le jugement ne se fait plus sur la personne, mais sur ce qu'elle exprime. L'autre n'est pas une personne qui vous est étrangère, mais un pair à qui on s'efforce de donner un avis utile, même s'il peut être difficile à dire et à entendre. Cela se perçoit très bien dans l'histoire qui ouvre ce chapitre : on assiste à une série d'échos qui visent juste, mais qui ne remettent pas en cause la personne à qui ils s'adressent. La raison est qu'il est possible qu'ils soient amenés à piloter ensemble le projet présenté.

Tentez de repérer ces phénomènes au fur et à mesure qu'un groupe se constitue, ce qui favorise leur apparition comme ce qui les défavorise. En général, un groupe réglé de façon réciproque (la même règle s'appliquant à tous les participants) fonctionne positivement. On y observe fréquemment une expression bienveillante, un esprit de collaboration et le développement du groupe comme de ses membres.

La répétition d'un geste

En matière d'enseignement, on sait que la répétition est la base de tout apprentissage. Pour l'apprentissage d'un geste, c'est encore plus vrai ; les sportifs et les musiciens, pour ne parler que d'eux, passent des heures à s'entraîner, à répéter les gestes de leur discipline ou de leur art. Le travail effectué lors des séances utilisant la Méthode des Échos s'apparente totalement à un entraînement intensif à l'écoute. L'orateur expose sa problématique et bénéficie de retours de qualité, mais ce sont les participants qui s'exercent à l'écoute attentive. Chaque problématique exposée est singulière, ce qui oblige le participant – s'il veut donner un écho utile et s'il souhaite découvrir ce qui pourrait provoquer une prise de conscience de la part de l'orateur – à être extrêmement attentif à ce que dit ce dernier. Et, encore une fois, à la façon dont il le dit.

Observer, remarquer, entendre au-delà de ce qui est dit et compris au premier abord demande une longue pratique. Il existe des méthodes qui attirent l'attention sur certains gestes, sur l'usage de certains mots, sur l'enchaînement des idées et leurs associations. Toutes ces méthodes, si on veut les utiliser avec profit, demandent de longues années de pratique. C'est avec le temps que se créent les conditions nécessaires au développement d'un sens de l'observation, d'une qualité d'écoute, d'une finesse de l'interprétation des faits relevés. Et comme pour toute pratique, pour apprendre, *on commence « comme » les autres*, par une sorte de mimétisme, *et puis on continue*. Peu à peu on repère des traits saillants, on développe sa propre façon d'entendre, on progresse. Les outils, qu'ils soient méthodologiques ou conceptuels, *prolongent* vos propres capacités d'actions, ils *prolongent* votre façon d'agir, ils donnent de la force à vos gestes propres, car c'est vous qui les *tenez* en main. Ici, ce sont vos yeux, votre « perception », ce sont vos oreilles, votre « entendement » que vous pouvez développer par une pratique répétée.

Conseils d'animation

L'animation est recommandée afin que le groupe soit et se sente tenu, sans nécessiter pour autant la présence d'un professionnel. Son rôle, qui peut être pris de façon tournante, consiste principalement à lancer la séance puis à en garantir le bon déroulement. Pour commencer, il rappelle les objectifs de la séance et précise l'enchaînement des différentes séquences. Lors de la séance, l'animateur demeure vigilant sur un certain nombre d'aspects, notamment sur le rythme et la bonne focalisation des participants sur la problématique présentée. Par exemple, l'orateur doit dire l'essentiel en dix minutes environ, pas plus. En effet, au-delà de douze ou quinze minutes, l'attention d'une salle se perd. Trop en deçà, il n'y aura pas suffisamment d'éléments permettant de réagir avec pertinence. Avec de l'habitude et de l'expérience, et en fonction de l'évolution du groupe, il sera possible de faire varier ces limites dans un sens ou dans l'autre.

Les échos doivent également aller à l'essentiel : chacun doit pouvoir dire tout ce qu'il a à dire, mais sans dériver vers des commentaires ou vers d'autres sujets. L'animateur ne doit pas hésiter à recadrer avec bienveillance les premières interventions. Le cas échéant, il peut rappeler les règles de l'exercice, et éventuellement en expliquer rapidement les raisons.

Si vous êtes l'animateur et si vous avez une position équivalente aux autres participants, donnez votre écho à votre tour. Si vous avez une position un peu différente, vous pouvez le faire à la fin du tour. Mais votre écho doit être de même nature que celui des autres participants, même s'il ne sera pas perçu de façon tout à fait équivalente.

Surveillez la bonne application de la règle : ni interruption ni débat. Rappelez-le dès que l'un des participants prend la parole en dehors de son tour. Pour vous faciliter la chose, prenez le temps, en amont, de vous accorder sur cette règle. Si le groupe se laisse entraîner dans une série d'interruptions, vous pouvez éventuellement lâcher la règle un moment, et puis lorsque les débats seront devenus stériles, il vous sera plus aisé de reprendre la main. Évitez de vous opposer au groupe, vous êtes simplement celui qui l'aide à produire des résultats utiles. Autre possibilité, assez efficace : jouer le rôle de l'animateur à tour de rôle.

Soyez attentif au temps, et maîtrisez-le en fonction du groupe et de ses contraintes spécifiques. Si vous pensez qu'il faut accélérer les échanges, le plus simple consiste à rappeler l'heure.

Si vous êtes l'orateur, préparez votre intervention et présentez-la en dix minutes. Ne cherchez pas à « tout dire ». Privilégiez les constats plutôt que la qualité de la présentation. L'objectif pour vous est de permettre à la salle de saisir votre perplexité devant la situation décrite. Si possible, vous devez pouvoir la décrire avec suffisamment de précision pour que chacun puisse s'identifier à vous. N'hésitez pas à donner des informations complémentaires, même si elles peuvent sembler marginales.

Soyez plus attentif au fond qu'à la forme. Une forme trop travaillée enlève de l'information, elle offre moins d'aspérités, alors que des redites permettent parfois de saisir une nuance, de repérer une piste de réflexion.

Pendant le tour d'écho, cherchez à vous nourrir des retours en ne prenant que ce qu'ils apportent à votre réflexion. Le but de la séance est de vous aider à résoudre une problématique, à comprendre la situation, à savoir ce que vous devez décider. Soyez totalement impliqué dans ce que vous avez présenté et tentez d'imaginer comment ce qui vous est dit pourrait vous aider à voir les choses de façon différente. Ou, tout simplement, explorez mentalement l'idée selon laquelle ce serait vous qui n'auriez pas compris ce qui vous a été dit. Cherchez à repérer ce qui pourrait s'avérer être – à la réflexion – exact ou pertinent. Demandez-vous, par exemple, pourquoi vous aviez écarté telle hypothèse ou omis tel fait.

A contrario, évitez de justifier votre position, cela ne vous servira à rien sauf à diminuer l'utilité de la séance pour vous.

Si quelques participants n'ont manifestement pas compris ce que vous leur avez dit, posez-vous la question de savoir pourquoi. Si d'autres vous posent des questions qui vous semblent curieuses, posez-vous la même question : pourquoi ? Qu'est-ce qui, dans vos propos, a pu générer ce genre de réaction ? Est-ce que cela vous arrive souvent ? Pourquoi n'avez-vous pas été plus clair lors de votre présentation ? Comment auriez-vous pu l'être ? Toutes ces questions vous feront progresser, car elles interrogent vos pratiques. Votre rôle ici n'est pas de convaincre, mais d'apprendre : profitez-en !

Si vous êtes participant, cherchez à comprendre la logique de l'exposé. N'ayez pas le réflexe d'*expliquer*, ayez plutôt celui de vous *impliquer* dans la problématique de l'orateur. S'il vous expose ses difficultés, c'est qu'il ne les a pas encore résolues. Vous allez l'aider à y parvenir, et pour cela vous allez tenter de repérer les détails clés, les informations éventuellement contradictoires, ou celles qui pourraient avoir été sous-estimées. Une bonne technique consiste à rechercher les écarts pouvant apparaître entre l'ensemble de la présentation et tel ou tel aspect présenté par ailleurs, entre ce qui est annoncé puis ce qui est effectivement dit, entre une affirmation de principe et un détail secondaire. Puis servez-vous de ces éléments pour tenter de comprendre la logique sous-jacente de l'exposé. Pourquoi la situation est-elle présentée ainsi ? Qu'est-ce que cela pourrait expliquer ?

Comme nous l'avons déjà signalé, soyez attentif à deux dimensions de la présentation : le contenu – ce que l'orateur cherche à vous dire – et puis la façon dont il vous le décrit. On dit souvent, à juste titre d'ailleurs, qu'un problème bien posé trouve plus aisément sa solution. Cherchez alors s'il serait possible de poser autrement le problème auquel l'orateur se confronte. Et puis en quoi son approche de la problématique l'empêche – peut-être ! – d'en trouver la solution.

La façon dont vous allez exprimer ensuite vos hypothèses à l'orateur lors du tour d'écho lui permettra ou non d'entendre ce que vous souhaitez lui faire comprendre. Il vient de s'exposer publiquement au jugement de ses pairs, il est attentif à une situation qui le préoccupe. Si vous cherchez à lui expliquer ce qui lui arrive, il risque de ne pas être très disponible. En revanche, si vous faites ressortir un fait qu'il pourrait avoir sous-estimé, et que ce fait se révèle exact, vous pouvez alors le toucher utilement. Dans ces circonstances, le fait a infiniment plus d'impact que l'explication raisonnée.

Quant aux « conseils », aussi bienveillant soient-ils, tentez à tout prix de les éviter, ils n'ont quasiment aucun effet, même s'ils sont pertinents. L'orateur aura la sensation que vous ne vous êtes pas mis à sa place, ce qui enlèvera de sa valeur à votre écho. Souvent l'écho le plus direct, le plus factuel possible, et qui traduit au mieux votre compréhension de la situation, est ce qui se révèle à terme le plus utile à l'orateur. C'est bien la multiplication des « points de vue » qui est recherchée ici. S'ils sont faits dans de bonnes conditions, il y a de fortes chances pour que vous y retrouviez un approfondissement de votre propre perception des choses, pimenté de quelques surprises.

Écoutez tous les autres échos, ils vous aideront à mieux voir ce que vous n'aurez qu'entrevu. Pensez à l'image d'un objet photographié sous différents angles : chaque écho donne de la profondeur et de la consistance aux autres. Chaque écho accroît le relief de ce qui est exprimé.

Variantes

Travailler avec un invité

La méthode est utilisable au premier chef à l'intérieur d'un groupe de pairs. Il est cependant possible d'inviter une personne extérieure au groupe constitué. La non-application du principe de réciprocité ne produira pas les mêmes effets sur le groupe, à long terme. Cependant l'avantage pour la personne invitée sera de bénéficier de toute la puissance d'une capacité d'écoute collective, et, pour le groupe, de se frotter à une nouvelle problématique. Une solution serait que cela soit une façon d'élargir le groupe.

La méthode fonctionne à condition que le groupe qui renvoie ses échos ait appris à travailler ensemble. Comme nous le précisons ci-dessous, il s'agit de la pratique d'un geste collectif qui ne s'acquiert que par un entraînement régulier. Dans ce cas de figure, l'invité *bénéficie* de ce savoir-faire collectif, ce qui ne peut que lui être utile. De même, le groupe peut tirer parti de ce savoir-faire collectif pour *valider* une proposition (exemple décrit dans l'histoire ouvrant ce chapitre). Il n'en reste pas moins que les meilleures conditions de *développement* d'un savoir-faire collectif reposent sur l'application interne du principe de réciprocité. Il est l'un des meilleurs garants contre les risques de scléroses, ou de dérives.

En revanche, le fait, pour un collectif, de se confronter à une problématique d'une personne qui vient ponctuellement, et qui pour cette raison a besoin de retours concrets, *oblige* les membres du groupe au réalisme. C'est l'équilibre entre la réciprocité d'un côté et la confrontation au réel de l'autre qu'il s'agit de trouver.

Insérer une séquence de questions avant le tour d'écho

À la fin de l'exposé, et avant le tour d'écho, il est possible d'insérer une séquence de questions. Elles ont pour seul objectif de mieux comprendre ce qui est exposé. Il est possible d'obtenir des informations très précises et de grande qualité grâce à une question « bien posée ».

Lors de la présentation d'une problématique, on peut imaginer une infinité de questions. Dans le cas décrit en introduction de ce chapitre, selon le parcours du candidat, selon sa personnalité, selon les événements heureux ou malheureux qui auront jalonné sa vie, il aura tendance à survaloriser son projet ou, au contraire, à le dévaloriser. Le but des personnes qui interrogent un partenaire potentiel n'est pas de le connaître, lui, ou de faire de la psychologie, mais de ne pas se tromper sur la nature du projet et ses chances de réussite. L'attention de ces personnes est totalement focalisée dans cette direction et c'est ce qui leur permet de développer le « coup d'œil » du professionnel. À vous de développer le vôtre, la recherche de l'amélioration constante du maniement des questions peut vous y aider.

N'oubliez pas, et la Méthode des Échos vous offre des occasions particulières de vérifier ce fait : la *façon* dont une personne vous donne une information, ou ses omissions, vous en donne de nombreuses sur les *rapports qu'elle entretient avec le sujet*. Tout témoignage se corrobore. Plus la personne est impliquée dans la situation qu'elle vous décrit, plus le lien entre la forme et le fond sont signifiants. Pour que votre écho soit constructif, il est capital que vous saisissiez ce lien. Les questions que permet cette variante en donnent l'occasion.

L'art de questionner se fonde sur un sens aigu de l'observation. La Méthode des Échos dans sa forme initiale – sans questions posées – vous invite à l'art de l'écoute avant de pratiquer celui de la question. Et à apprendre à tirer parti de toutes les sources d'information qu'un orateur vous donne lors de son exposé.

Quelques « gestes » pratiqués par les participants

Participer à un travail à l'aide de la Méthode des Échos permet de :

▶ **écouter** un exposé avec attention, autant pour ce qui est dit que par la manière dont cela est dit ;

▶ **apprendre** à repérer les écarts éventuels, où qu'ils se situent ;

▶ **synthétiser** rapidement un ensemble de propos, et en trouver la ligne directrice ;

▶ **formuler** avec précision ce que l'on dit ;

▶ **découvrir** tout ce qu'il peut se passer à l'intérieur d'un groupe, et toute la richesse qu'il recèle ;

▶ **prendre conscience** qu'une difficulté cache souvent autre chose que ce qui se présente ;

▶ **apprendre** à se décentrer pour retrouver une dynamique sous-jacente.

L'ESSENTIEL

La Méthode des Échos permet d'accroître considérablement la capacité d'écoute et de perception d'un groupe. Elle s'utilise essentiellement avec des pairs, pris ici au sens large.

Sa dynamique s'appuie sur une structure à trois temps : exposé, tour d'échos, tour de synthèse. Son intérêt réside en sa capacité à révéler rapidement la puissance et la richesse d'un collectif et à lui donner les moyens de se développer.

Cette méthode peut être utilisée pour :
• que des pairs développent leurs compétences ;
• valider des projets ou pour résoudre des problématiques complexes ;
• créer un collectif de qualité.

CHAPITRE 4

La Place du Marché

La Place du Marché repose sur une technique simple et rapide de mise en relation. De façon analogue à tout marché, la Place du Marché permet à ses acteurs d'offrir et de demander aux autres, non pas des biens et services contre de la monnaie, ou contre d'autres biens et services – ce qui serait du troc –, mais ce qu'ils peuvent se transmettre gratuitement. Son principal effet est de générer quasi instantanément un esprit de coopération entre les participants.

Cette technique de l'échange dissocié a été initialement développée par Claire Hébert-Suffrin au sein des Réseaux des Échanges Réciproques de Savoirs (RERS)[1]. Elle est ici transposée et proposée aux membres d'une communauté donnée afin qu'ils échangent des informations, des savoir-faire, ou pour réguler les relations à l'intérieur d'une équipe.

© Groupe Eyrolles

---

1. Claire et Marc Héber-Suffrin, *Échanger les savoirs*, Desclée de Brouwer, 1992.

Nous sommes une trentaine de personnes réunies dans une salle. La séance de travail a commencé il y a environ vingt minutes. Pour l'instant, Christine, une responsable marketing produit, a la parole :

« J'offre à ceux que cela intéresse des informations sur la façon de monter un plan marketing. J'offre également la liste de tous nos partenaires, ceux avec qui nous travaillons comme ceux que nous avons eu l'occasion de tester ces trois dernières années. Je suis, par ailleurs, membre d'une association professionnelle spécialisée dans le marketing ; si certains veulent savoir comment cela se passe, je suis à leur disposition.

Côté demandes. Aux commerciaux, je demande toutes les informations dont ils disposent sur les pays qu'ils couvrent : évolution de la concurrence, des marchés, de la réglementation, tout ce que vous pouvez apprendre lors de vos contacts sur le terrain. Un petit mail, un mot en passant dans le département, les coordonnées d'un correspondant, une étude ou un site que vous pourriez juger intéressant pour nous. Et, dans les deux mois qui viennent, j'ai surtout besoin d'informations qui touchent les zones des pays développés. Aux logisticiens, je demande qu'ils me remontent les difficultés qu'ils rencontrent dans l'acheminement des produits sensibles en Asie. »

Placé à la gauche de Christine, Antoine enchaîne :

« Mes offres. Je peux vous donner les résultats d'une étude assez précise que nous avons fait réaliser sur nos produits verts, ainsi que la liste des études disponibles. Demande, je n'en ai qu'une seule : qui est chargé du projet Atlantis, et où en est-on ? »

Jean-Paul poursuit :

« Offres : les approches commerciales de nos concurrents, une connaissance assez précise de leurs produits, surtout nord-américains, car j'ai travaillé avec eux plusieurs années. De façon marginale et s'il y a des personnes intéressées, comment vivre à l'étranger, comment on y va, comment on en revient. Pour les demandes, est-ce qu'un membre des RH pourrait m'expliquer comment fonctionne le système de retraite ? J'aurais également besoin de quelques lumières sur la lecture des tableaux de résultats mensuels. »

C'est ensuite au tour de Véronique de s'exprimer :

« Nous avons mis en place un nouvel outil de mesure de l'efficacité de nos processus. Ma demande : pourriez-vous me remonter vos avis et perceptions sur cet outil ? Est-il facile d'usage ? Avez-vous des difficultés pour remplir le tableau qui y est associé ? Côté offre, je peux organiser des petites séances de travail, d'une heure environ, pour ceux qui auraient besoin d'explications sur ce projet. Dites-le moi à la fin de la séance ou envoyez-moi un petit mail, j'essaierai de vous répondre dans la semaine. Autre offre, dans la même veine, j'ai l'impression que vous êtes nombreux à souffrir avec le nouvel outil de CRM ; là aussi, je peux organiser de petites formations d'une demi-journée pour ceux qui le souhaitent. Et puis encore une demande, je voudrais organiser un groupe de travail pour explorer vos besoins concrets en termes de support. Trois séances de deux heures devraient suffire. »

Le tour se poursuit ainsi jusqu'au bout. Les cent cinquante membres de l'entreprise ont été répartis en cinq groupes, et tous répondent à ces mêmes questions : « Quelles sont les informations dont je dispose et qui pourraient être utiles à quelqu'un, ici ? Quelles sont les informations dont j'ai besoin pour exercer mon métier et que quelqu'un, ici, pourrait me fournir ? »

Au début, c'est un peu étrange ; nous sommes tous silencieux, à rédiger nos offres et nos demandes. Dès que le tour de table commence, on se met à écouter. Très vite, je me suis rendu compte que je pouvais donner pas mal de réponses à ceux qui les demandaient. Et heureusement qu'il y a eu un deuxième tour, car j'ai pu débloquer deux situations sensibles. Au début je n'y avais pas pensé, c'est en entendant les offres du directeur technique que j'ai eu le déclic. Demain j'irai le voir.

Commentaires

Dans ce passage, le lecteur découvre une courte séquence du déroulement d'une « Place du Marché » mise en place dans une moyenne entreprise. Nous assistons à une série d'annonces faites successivement par des personnes réunies pour la circonstance et à qui on a posé deux questions :

▶ « Quelles sont les informations dont je dispose et qui pourraient être utiles à quelqu'un, ici ? »

▶ « Quelles sont les informations dont j'ai besoin pour exercer mon métier et que quelqu'un, ici, pourrait me fournir ? ».

Chacun prend la parole à tour de rôle et donne ses réponses. Les offres comme les demandes ne répondent pas à des critères liés à une fonction ou à un projet précis. Elles touchent toutes les activités de l'entreprise, quelles qu'elles soient. La réunion n'est pas centrée sur un sujet donné qu'il s'agirait de traiter d'une façon ou d'une autre, mais sur un domaine, ici celui de l'information. À l'intérieur de ce domaine, il est proposé à chacun de s'investir sous deux modes : l'offre et la demande. Sont exclus réflexions, discussions, débats. Cette façon de structurer les échanges, assez stricte sinon contraignante, permet de focaliser l'attention des participants sur les deux questions posées et sur ce qu'elles impliquent. Les mises en œuvre ne demandent pas de suivi particulier, cela se révèle inutile en termes de dynamique collective (voir le deuxième point clé ci-après).

L'ordre des prises de parole est également strictement défini par le tour de table. Comme les questions sont ouvertes et que tous les participants y répondent également, cela *oblige* chacun d'entre eux à *y réfléchir* un moment. Le résultat est visible très rapidement car de très nombreuses informations se révèlent disponibles au prix de peu d'effort. Par ailleurs, et comme dans la méthode du Double Tour de Parole, les personnes n'ont pas à se demander à quel moment elles vont intervenir, elles savent qu'elles feront leurs annonces après leurs voisins immédiats. Elles sont ainsi mentalement totalement disponibles à leur réflexion.

En général, en entreprise, chacun de nous traite et approfondit les sujets dont il est responsable, mais nous disposons rarement d'un moment dédié à l'établissement d'une sorte d'inventaire des informations dont nous avons besoin et que *les autres pourraient nous donner*, et de celles dont nous disposons et qui *pourraient être utiles à autrui*. Cet exercice correspond à une opération de *réglage* de la circulation naturelle de l'information au sein d'une entreprise.

Autre dimension : ce sont les personnes elles-mêmes qui annoncent ce dont elles ont besoin et ce qu'elles peuvent offrir. La formule permet aux acteurs de *faire savoir directement* à leurs multiples interlocuteurs ce qu'ils peuvent utilement leur donner ou leur demander. On pourrait penser que le contenu de ces échanges devrait être pris en charge par le système d'information de l'entreprise, et que les offres et demandes qui s'échangent lors d'une telle réunion révèlent une carence du SI, ou un dysfonctionnement, ce qui peut être exact, mais on peut également considérer que tout système est perfectible et qu'il y a toujours des imperfections aux marges. Une Place du Marché aux Informations les révèle tout en permettant aux acteurs d'obtenir immédiatement les informations dont ils ont besoin et qui seraient disponibles. Le premier résultat, accélérer la circulation des informations utiles, n'empêche nullement l'exploitation d'un second résultat qui est une sorte de cartographie des informations qui ne circulent pas, ou pas suffisamment, de façon naturelle. Un troisième résultat, et non le moindre, est lié à l'implication des participants. Demander des informations nécessaires à l'exercice de son métier est légitime, et en avoir officiellement l'occasion permet d'affirmer le rôle de chacun dans l'entreprise.

Cette façon de procéder a également pour effet de créer ou de développer une *dynamique professionnelle transversale* à l'entreprise. Cette dynamique peut être utilisée notamment par ceux qui sont chargés de l'organisation de l'entreprise (organisateurs, pilotes de processus, responsables de SI, etc.) car elle leur offre l'occasion d'établir un dialogue avec les utilisateurs des outils, des méthodes ou des procédures dont ils ont la responsabilité. En favorisant un dialogue actif entre les différents acteurs de l'entreprise, il est ainsi possible de fluidifier les activités transverses. C'est toute l'entreprise qui est ici invitée à « travailler ensemble ».

Présentation de l'outil

Nous allons faire cette présentation en deux temps. Les différentes formes de Place du Marché sont issues d'un outil générique, la Place du Marché, que nous avons nommée ainsi par analogie aux différents marchés existants. Dans ce chapitre, nous vous présenterons la règle générale, nous préciserons les points clés et les conseils d'animation généraux, avant de vous présenter dans le chapitre suivant sa première application, la Place du Marché aux Informations.

Les marchés que nous connaissons sont tous des lieux, réels ou théoriques, où se rencontrent une offre et une demande. Un marché associe la règle de l'échange valorisé à un domaine donné : marchés industriels, marché aux épices ou aux draps, second marché, etc. Des transactions s'y opèrent ; chacun peut venir y vendre ou acheter selon des règles précises.

Dans le cas de la « Place du Marché », le principe retenu est particulier en cela que les offres et les demandes ne sont pas valorisées et ne s'échangent pas. Nous y reviendrons en détail dans les « points clés ». La Place du Marché peut s'appliquer de façons suffisamment distinctes les unes des autres pour que nous en ayons conçu des outils différents. Nous en avons retenu trois dans cet ouvrage, chacun faisant l'objet d'un chapitre :

▷ **La Place du Marché aux Informations** facilite et fluidifie la circulation des informations utiles en milieu professionnel.

▷ **La Place du Marché Communautaire** favorise et accroît les transferts de savoir-faire, de services, d'information, etc. entre membres d'une même communauté. Nous entendons par communauté, par exemple, un ensemble d'acteurs spécifiques dans une entreprise ou appartenant à un même secteur, une même association, ou encore des personnes reliées par une même problématique.

▷ **La Place du Marché Contractuelle** renforce les liens et la cohérence de l'action entre des personnes reliées par une mission ou un projet.

Nous vous donnons maintenant les grandes lignes communes à ces trois formes de Place du Marché.

RÈGLE GÉNÉRALE DE LA PLACE DU MARCHÉ

Nombre de participants : Il est variable selon la forme de la Place de Marché, de 15 à 30 pour la Place du Marché aux Informations, de 15 à 80 pour les Places du Marché Communautaires, et de 2 à 20 pour une Place du Marché Contractuelle.

Durée : Entre une et deux heures.

Animateur : L'un des participants, sans formation particulière.

Matériel nécessaire : Une salle avec de quoi s'asseoir ; les personnes doivent toutes se voir (cercle, carré, etc.). Éventuellement un document pré-imprimé simple et de quoi écrire. Rien d'autre.

Fréquence : Soit régulièrement, une à trois fois par an, soit ponctuellement.

Déroulement : L'animateur annonce les deux questions posées. Elles sont toujours formulées selon le canevas suivant :
- « De quoi ai-je besoin (selon le thème fixé) que les participants présents pourraient me donner ? »
- « Que puis-je offrir aux participants présents, s'ils en ont besoin ? »

Le groupe travaille ensuite en **trois temps :**

1. **Réflexion.** Chacun prend une dizaine de minutes pour rédiger ses offres et ses demandes.

2. **Premier tour de table.** Annonces successives des offres et des demandes, sans interruption, ni débat.

3. **Deuxième tour de table.** Lorsque le premier tour est terminé, il est immédiatement procédé à un deuxième tour pendant lequel chacun indique les offres qui l'intéressent et les demandes auxquelles il peut répondre.

Suite : Possibilité de créer un document, tableau ou liste, reprenant les offres et demandes, et de le faire parvenir à tous les participants.

Points clés

Le Lien et le Bien

Comme il est précisé en tête de ce chapitre, la Place du Marché est inspirée par la pratique mise en œuvre au sein des Réseaux des Échanges Réciproques de Savoir (RERS), inventée par Claire Hébert-Suffrin. Un certain nombre de personnes sont réunies et il leur est demandé d'annoncer, à tour de rôle, leurs offres et leurs demandes de savoirs. Ensuite chacun « prend » ce qui l'intéresse, et qu'on lui donne, et donne ce qu'on lui a demandé, sans chercher à équilibrer d'aucune façon une quelconque « valeur » des offres et des demandes.

Cette méthode, extraordinairement simple et applicable dans de très nombreuses circonstances, a pour principal effet de dynamiser les échanges entre des personnes qui sans cela seraient restées isolées. De façon analogue à un marché, la méthode permet de mettre en présence des offres et des besoins d'un côté, et des demandes et des disponibilités de l'autre. La grande différence, qui est à l'origine des effets particuliers obtenus par cette approche de l'échange, tient dans l'une de ses règles : il ne s'agit pas ici d'*échanger* ce que l'on offre *contre* ce dont on a besoin, mais de proposer de donner *gratuitement* d'un côté et de demander pour recevoir *sans contrepartie* de l'autre. *L'offre et la demande sont dissociées*. Et cela change profondément la nature des liens qui se créent entre les participants.

Dans un échange classique, on échange un bien ou un service contre de la monnaie : j'achète du pain, je vends un appartement contre une somme d'argent. Dans le système du troc, il en va de même, sauf que j'échange un bien ou un service non contre de la monnaie mais contre un autre bien ou un autre service. On échange quelque chose qui a une valeur contre autre chose qui a également une valeur. Remarquons que pour que l'échange se fasse, il est nécessaire que l'objet ou le service en question ait une valeur supérieure pour celui qui achète et inférieure pour celui qui vend. Ce qui compte est *ce* qu'on échange, et non *avec qui* on échange. *Le Bien prime sur le Lien.*

L'échange réalisé dans les Places du Marché est, comme nous l'avons dit, *dissocié*. On donne d'un côté et on reçoit de l'autre. L'échange peut en conséquence être très inégal si on le considère sous l'angle de la valeur de ce qui est échangé. Mais ici, ce qui compte n'est pas ce que l'on échange, mais le fait de donner d'un côté et de recevoir de l'autre. *Le Lien prime sur le Bien.*

Remarquons, en faisant référence au premier point clé du Double Tour de Parole – l'usage d'une règle –, comment une infime modification d'une règle connue, touchant un geste que nous pratiquons quotidiennement, peut modifier en profondeur les effets que son usage produit. Si l'on se rend au marché et que l'on en revienne avec un panier plein, c'est le contenu de panier qui compte ; alors que si l'on participe à une Place du Marché, on en revient avec des relations qui ont changé de nature.

Le choix de la règle et la question des mises en œuvre

Il existe des démarches s'appuyant sur la technique de l'offre et de la demande et qui intègrent l'accompagnement des mises en œuvre. Ce n'est pas l'esprit des outils proposés dans cet ouvrage. L'idée ici est de montrer qu'un collectif est opérationnel et qu'il se développe dans le temps *s'il est réglé*. Nos constats nous indiquent, extrêmement clairement, que le choix judicieux d'une règle a plus d'incidence sur ce qu'il se passe ensuite que le pilotage de la mise en œuvre. Une règle instaure un certain type de relations entre les personnes et la situation qu'elles partagent. C'est parce que cette règle sera bien choisie – nous sommes toujours dans le domaine de la pratique – que les relations créées se révéleront constructives. Et, *a contrario*, c'est parce qu'elles auront été mal choisies, ou qu'elles n'auront pas été choisies du tout, que la mise en œuvre qui suivra se révélera laborieuse et parfois inopérante.

L'exemple d'un instrument de musique mal accordé serait peut-être trop simple pour illustrer l'importance de la préparation des conditions d'une action, même si l'image donnée est juste. Prenons plutôt une comparaison dans le domaine du droit constitutionnel : un système démocratique présidentiel ne produit pas les mêmes effets qu'un système démocratique parlementaire. Le premier favorise la cohérence des décisions et de leur mise en œuvre, alors que le second favorise la représentation des citoyens.

L'entreprise, sauf dans sa forme coopérative, n'a pas vocation à être démocratique, elle vise plutôt l'efficacité. D'où sa structure très hiérarchisée. La difficulté induite par ce système est l'adhésion des acteurs ; c'est là son point faible. L'association, en revanche, favorise l'équilibre des intérêts, mais n'est pas l'instrument juridique adapté, par exemple, à la réalisation d'un projet.

La règle proposée par la Place du Marché aux Informations s'intègre bien à l'intérieur du mode de fonctionnement de l'entreprise, car elle touche directement à l'amélioration de son efficacité. Elle est destinée à favoriser l'utilisation des marges de manœuvre des acteurs, dans le cadre prédéfini de l'entreprise où elle se déroule. Si, dans telle ou telle entreprise, ou tel ou tel département, etc., on considère que les informations utiles ne circulent pas assez rapidement ou pas assez efficacement, la Place du Marché peut impliquer les acteurs sur ce terrain de façon très simple, rapide et concrète. *Elle rend visibles et accessibles les sources et usages des informations existantes.*

La règle proposée par la Place du Marché Communautaire, au contraire, comme son nom l'indique et comme nous le verrons dans le chapitre suivant, s'intègre plus facilement dans un contexte de parité de ses participants. Vis-à-vis des autres, chacun est maître de ses actions, il peut chercher et trouver des moyens dont il a besoin et dont il ne dispose pas, et il peut également en proposer. La règle particulière de la Place du Marché Communautaire, inscrite dans un contexte compatible, déclenche une capacité d'interrelations fortes et nombreuses entre les participants. *Elle rend visibles et accessibles les coopérations potentielles.*

Il nous a paru plus utile d'insister sur ce levier qu'est le choix de la règle, car il est de loin le plus actif pour que les participants s'impliquent durablement dans le processus qui est initié à cette occasion et y retrouvent leurs intérêts. Les méthodes de mise en œuvre qui ne reposeraient pas sur des fondations collectives solides nécessitent souvent beaucoup d'énergie. De plus, elles ne permettent pas toujours d'atteindre les objectifs visés, surtout sur le long terme. Si vous poussez le raisonnement au bout, vous verrez qu'il est théoriquement possible de piloter une entreprise et les différents collectifs qui la composent uniquement par des règles bien choisies. En pratique, c'est ce que l'on appelle les règles de métier. Ceux qui en ont l'expérience, savent qu'elles suffisent, à la condition toutefois qu'elles s'appuient sur le métier des personnes et celui des collectifs concernés.

Pour conclure sur ce point de la mise en œuvre, nous conseillons de la laisser tout simplement à la charge des acteurs, chacun selon son niveau de responsabilité et d'organisation, car cet outil de structuration des échanges a pour effet principal de *créer un lien actif* entre les acteurs et les règles de fonctionnement en vigueur dans l'entreprise, l'association ou toute autre forme de « société humaine ».

La dimension orale des Places du Marché

La Place du Marché est destinée à favoriser des échanges oraux entre les acteurs en intégrant leurs échanges dans la structure organisationnelle à laquelle ils appartiennent. Elle produit des résultats propres à tout échange oral : compréhension, possibilité d'expression, découverte, prise de conscience, etc., et des résultats conservés par écrit. Mais le jeu des annonces des offres et des demandes ne produit une dynamique collective qu'*à la condition expresse qu'il soit fait de façon orale.*

La distinction entre information écrite et information orale est rarement faite en entreprise, sauf pour spécifier la culture de certaines d'entre elles. Pourtant le fait de travailler ensemble repose pour une grande part sur la capacité de chacun d'utiliser ces deux modes. L'information orale est parfois, si ce n'est toujours, considérée comme inutile, alors que l'information écrite et mémorisée est souvent survalorisée. Serait-ce parce que les paroles s'envolent alors que les écrits demeurent ? Probablement. Il est pourtant souvent constaté un fort manque de communication dans de nombreuses entreprises. La clé se trouve dans le fait que ces deux modes de communication, écrit et oral, ne fonctionnent pas de la même façon. Leurs règles de mise en œuvre ne sont pas les mêmes ; elles n'en sont pas moins complémentaires.

Pour y réfléchir, il peut être utile d'avoir à l'esprit le lien existant entre oralité et mouvement d'un côté, et entre écrit et mémorisation de l'autre. Si l'on cherche à capitaliser, à inscrire dans la durée des données, des procédures, des résultats, ou à permettre l'accès d'informations à de nombreux interlocuteurs rien ne remplacera l'écrit. En revanche, si l'on souhaite mettre en mouvement un groupe de personnes, si l'on a besoin de se comprendre, si l'on négocie un contrat, rien alors ne vaut le mode oral. On pourrait également associer écrit avec permanence, et oral avec occasionnel ou circonstanciel. La conduite des activités en entreprise a besoin des deux modes ; tout l'art consiste à bien les combiner pour que chacun puisse lier son activité à celle des autres sous ces deux modes afin de pouvoir à la fois produire et s'adapter aux impondérables.

Dernier point : les actions dites transverses touchent le plus souvent à des questions d'ajustements entre plusieurs métiers, chacun ayant sa culture propre. Ici le mode oral est indispensable si l'on souhaite que les acteurs locaux aboutissent à une compréhension mutuelle de leurs activités. Il va de soi que cela doit se mener en s'intégrant dans le fonctionnement global de l'entreprise tel qu'il a été structuré et, pour le moins, sans le perturber. La Place du Marché est l'une des modalités permettant de *régler* cet équilibre entre les deux modes, et permettant aux personnes de travailler ensemble sur la durée.

Conseils d'animation généraux

Il est nécessaire de rappeler, comme on l'a vu dans le premier point clé ci-dessus, que les offres et les demandes dont il est question ici ont la particularité d'être *dissociées*. C'est-à-dire qu'il n'est pas procédé à de quelconques échanges d'une offre *contre* une demande. Les offres sont proposées gratuitement, et les demandes ne donnent pas lieu à contrepartie.

Cadrez bien les trois temps de la Place du Marché. Les consignes générales applicables à toutes les Places du Marché sont les suivantes :

1 – **Réflexion.** Lorsque les questions sont posées, chacun prend une dizaine de minutes pour y répondre. Il s'agit de formuler des demandes et des offres qui peuvent premièrement être comprises par l'assistance, et deuxièmement, qui soient suffisamment concrètes, claires et précises pour qu'elles puissent donner lieu à transfert par la suite.

2 – **Premier tour de table.** Un participant accepte de se lancer et il annonce ses offres et ses demandes, les unes à la suite des autres. Aucun écho n'est donné sur l'instant. Lorsqu'il a terminé, on passe à l'un de ses voisins qui annonce également ses offres et ses demandes. Le tour continue dans le même sens jusqu'au bout, lorsque tous les participants se sont exprimés.

3 – Deuxième tour de table. Il est alors procédé à un deuxième tour pendant lequel chacun indique d'un côté les demandes auxquelles il peut répondre et, de l'autre, les offres qui l'intéressent et dont il souhaite bénéficier.

Lorsque ce deuxième tour est terminé, on peut laisser un moment afin que les participants prennent directement contact les uns avec les autres.

CHAPITRE 5

La Place du Marché aux Informations

Cette Place du Marché est dite aux Informations car c'est la nature de ce qui y est offert et demandé. La qualité du système d'information est au cœur de l'efficacité de toute entreprise : il a beaucoup été écrit et dit sur le sujet. Ce qui nous intéresse ici est la jointure entre l'information et les personnes, et pour être plus précis encore, les liens entre les informations et l'exercice de leur métier par les membres de l'entreprise.

Nous partons ici non pas de l'information elle-même ni de son analyse, mais du besoin pratique d'information d'un côté, et de sa disponibilité constatée de l'autre. Nous associons ces deux pôles dans un même lieu, dans un même moment et par un même mouvement. Nous nous sommes rendus compte que ce mécanisme « tirait » tout le reste.

RÈGLE SPÉCIFIQUE DE LA PLACE DU MARCHÉ AUX INFORMATIONS

Nombre de participants : Entre 15 et 30 par Place. Plusieurs Places du Marché peuvent être organisées pour toucher un public plus important. Il n'y a pas de limite maximale.

Durée : Deux heures sont suffisantes.

Animateur : Oui, sans formation particulière.

Matériel nécessaire : Une salle avec table et chaises ; les participants doivent pouvoir se voir. Un support pré-imprimé. Un projecteur peut être utile pour présenter la règle.

Fréquence : Une ou deux Places du Marché aux Informations peuvent être organisées par an.

Déroulement : La règle du jeu est annoncée par l'animateur, et les deux questions sont posées. Elles peuvent s'inspirer des deux suivantes :
- « De quelles informations ai-je besoin pour exercer mon métier ? »
- « Quelles informations puis-je communiquer aux participants ? »

La Place du Marché aux Informations se déroule ensuite en trois temps, comme indiqué dans la règle générale :

1. **Réflexion.** Chacun prend une dizaine de minutes pour répondre aux questions en utilisant le document distribué.

2. **Premier tour de table.** Annonces successives des offres et des demandes en suivant un tour de table strict.

3. **Deuxième tour de table.** Annonces par chacun des demandes auxquelles il peut répondre et des offres qui l'intéressent.

Conseils d'animation

Vous pouvez vous reporter au chapitre précédent pour plus de détails sur la façon d'animer une Place du Marché. Pour éviter de trop nombreuses répétitions, nous ne précisons ici que les conseils spécifiques à l'animation d'une Place du Marché aux Informations.

La Place du Marché aux Informations a une visée directement professionnelle. Elle est destinée à améliorer la circulation des informations utiles aux acteurs de l'entreprise, ou à une partie de celle-ci. L'animation comme la capitalisation et le traitement des annonces doivent servir ces objectifs. Lors de l'introduction, il peut être nécessaire de préparer un support de présentation qui sera projeté, en précisant les raisons de l'organisation de la réunion, ce que chacun peut en retirer, la logique du déroulement de la Place du Marché, les conseils à donner aux participants, quelques exemples d'offres et de demandes.

Afin d'introduire la Place du Marché, vous pouvez donner les consignes de façon concise et faire confiance aux participants pour qu'ils intègrent bien la logique de ce qu'on leur demande. Cependant, nous avons souvent remarqué que ce n'est pas la simplicité d'une consigne qui en rend son usage facilement accessible, mais le fait de l'avoir déjà pratiquée ou non. Or le « geste » que l'on demande aux participants dans une Place du Marché n'est pas de ceux que l'on pratique en général lors d'une réunion. Pour cette raison, nous avons pris l'habitude, lorsque nous animons une Place du Marché pour un nouveau public, d'être un peu redondant et de multiplier les exemples.

Pour tenter d'illustrer la chose, nous vous donnons ici un exemple d'introduction possible. Imaginez une salle, avec une trentaine de personnes présentes ; vous venez de présenter le déroulement de la Place du Marché, et vous précisez certains points :

« Pour vos offres, annoncez celles dont vous disposez réellement. Précisez éventuellement la façon dont vous pourriez les transmettre : réunion rapide en précisant la durée, support disponible, transmission d'une information telle qu'un nom, une référence, etc. Pensez à ce qui pourrait manquer à vos interlocuteurs présents. Inutile de leur annoncer ce qui serait par trop évident ou connu. Pensez à vos autres activités, associatives par exemple, ou aux informations dont vous disposez du fait de vos anciennes activités professionnelles.

Côté demande, soyez surtout concrets et pratiques. Pensez à ce qui vous manque réellement au quotidien, et essayez de trouver une façon de l'exprimer sous la forme d'une demande compréhensible et à laquelle il est facile de répondre. Imaginez ce que vous pourriez avoir omis de demander aujourd'hui, et qui pourrait vous manquer demain. Recherchez ce que vous risquez tout simplement d'oublier de demander.

D'une façon générale, ce travail vous demande deux efforts particuliers. Le premier est de trouver les réponses aux deux questions posées, le second est d'en trouver les formulations les plus efficaces : il ne suffit pas d'énoncer les idées auxquelles vous pensez, mais d'obtenir une réaction favorable, utile, de la part de vos interlocuteurs. »

Donnez trois ou quatre exemples proches du contexte dans lequel se trouvent les participants pour qu'ils ne limitent pas trop le champ de leurs investigations. Ou pour éviter qu'ils répondent en dehors du cadre.

Répondez ensuite aux questions et, si nécessaire, favorisez-les. Nous sommes habitués, lorsque nous nous trouvons en réunion, à donner notre avis car ce sont en général des idées qui y sont débattues. Des décisions sont ensuite prises et mises en œuvre *après* la réunion. Ici, rien de tel, le travail se fait *pendant* la réunion. Pour cette raison, il n'est pas inutile de donner un peu de temps aux personnes pour qu'elles comprennent dès le début de la séance et le mieux possible le parti qu'elles peuvent concrètement tirer de ce moment.

Il est conseillé de conserver une trace écrite des offres et demandes annoncées. Pour cela, prendre appui sur un

© Groupe Eyrolles

document pré-imprimé qui sera distribué en début de séance. Voir les exemples et modalités ci-dessous, sous le titre « Capitalisation ».

Si vous organisez une Place du Marché avec des participants l'ayant déjà pratiquée, vous pouvez raccourcir les explications car il y aura un effet d'entraînement.

Une fois la Place lancée, n'hésitez pas à cadrer – avec douceur ! – les premières interventions si elles vous semblent trop s'éloigner des règles instaurées. Les autres intervenants auront inévitablement tendance à se caler sur les premières. Si ce qui est offert ou demandé sort du cadre, rappelez ce dernier brièvement. Si l'on donne des explications, rappelez aussi la règle : seules sont annoncées les offres et les demandes, sans autres commentaires. Vous pouvez, si vous le jugez nécessaire, en donner la raison : cela permet à chacun de se focaliser sur les seules offres et demandes pour repérer celles qui peuvent l'intéresser. *A contrario*, si une personne est, par exemple, trop elliptique, faites-lui préciser rapidement ce qu'elle propose ou demande.

Soyez attentif au temps, en fonction des contraintes qui sont les vôtres. Laissez cependant le rythme des interventions s'installer pour que chacun puisse « rentrer » dans la Place et être disponible à ce qui s'annonce.

À la fin du premier tour, rappelez les consignes propres au second tour afin de le lancer dans de bonnes conditions. Ayez toujours à l'esprit que c'est vous qui guidez le groupe dans ses actions. Pour cela, vous pouvez vous inspirer des phrases suivantes, en les adaptant :

> « Lors de ce deuxième tour de table, chacun annonce les offres qui l'intéressent et les demandes auxquelles il s'engage à répondre, en précisant éventuellement les conditions dans lesquelles cela peut se faire. Vous pouvez également ajouter de nouvelles offres si cela vous semble pertinent, ou de nouvelles demandes, si vous les aviez oubliées lors du premier tour. »

Rappelez que les pré-imprimés serviront à éditer un document récapitulatif (gazette, tableau, etc.) qui leur sera ensuite distribué. Et d'ajouter que, pour cette raison, vous apprécierez que les écritures soient lisibles !

Capitalisation

Il est conseillé de conserver une trace écrite des offres et demandes annoncées. Pour cela, prendre appui sur un document pré-imprimé qui sera distribué en début de séance (voir l'exemple ci-dessous, dont le contenu devra être adapté à chaque contexte ; une page A4 en mode paysage convient très bien).

Nom : .... Prénom : .... Fonction :	**La Place du Marché aux Informations**	
Mes OFFRES (3 à 5)		Mes DEMANDES (3 à 5)
Quelles sont les informations dont je dispose, et que je pourrais transmettre si quelqu'un d'autre en avait besoin ?		*Quelles sont les informations dont j'ai besoin pour exercer mon métier et que je ne sais pas où trouver ?*
	O E I [1]	
*	☐ ☐ ☐	*
*	☐ ☐ ☐	*
*	☐ ☐ ☐	*
*	☐ ☐ ☐	*
*	☐ ☐ ☐	*
(1) O = Oral. E = Écrit. I = Informatique		

Le but de cette « Place du Marché » est de recenser vos besoins réels afin d'améliorer la circulation des informations entre vous tous.
Côté Demande : Soyez concret et pratique : s'il y a des informations qui vous manquent, au quotidien, faites-le savoir. Visez l'utile.
Côté Offre : Essayez d'imaginer qui a besoin de vos informations. Soyez également concret et pratique, mais pour les autres.

À partir de ces documents, il vous sera possible de répertorier l'ensemble des offres et demandes, soit sous la forme d'un tableau ou d'un petit journal qui pourra – voire devra – être redistribué à tous les participants, car c'est la meilleure façon de les inviter à poursuivre la dynamique initiée. N'attendez pas plus de deux ou trois semaines pour envoyer ces informations.

Comme nous l'avons déjà précisé, il n'est pas indispensable de piloter les séquences d'échanges qui doivent suivre la Place du Marché. Tout d'abord parce que si la Place est bien organisée, et si les participants ont réellement besoin des informations qu'ils ont demandées, ils poursuivront naturellement le mouvement initié. Sinon, cela traduit peut-être qu'ils n'en ont pas vraiment besoin. Il est possible que certains d'entre eux fassent preuve de pudeur et n'osent relancer les personnes qui les intéressent. Le plus simple consiste, en fonction du contexte propre à l'entreprise, à rappeler à tous que cela leur est autorisé, si ce n'est chaudement recommandé.

Il vous suffira de répéter l'exercice de temps en temps, une à deux fois par an, pour que les comportements s'y adaptent avec profit.

Quelques « gestes » pratiqués par les participants

Une Place du Marché est riche d'enseignements pour ceux qui y participent. Ils ont ainsi l'occasion de :

▷ **découvrir de nouvelles sources d'information** au-delà de ce qu'ils connaissent déjà : qui peut les fournir, à qui peut-on être utile, etc. ;

▷ **bénéficier d'une vision globale,** directe et immédiate des activités de l'entreprise et du rôle que chacun y prend et souhaite y prendre. Utile notamment pour les activités managériales ;

▷ **travailler *in situ* la forme de leur expression.** Trouver la formulation adaptée à chaque annonce et à la diversité des participants représente un réel effort de communication. D'autant plus que ces annonces visent une réaction concrète de la part des autres, ce qui exige d'imaginer comment ils peuvent entendre ce qui leur est proposé ;

▷ **travailler leur écoute.** Pour réagir de façon pertinente lors du second tour de table, il est nécessaire de comprendre l'intention de ceux qui s'expriment et de s'adapter rapidement à des formes d'expression très variables en fonction des personnes ;

▷ **apprendre** à travailler avec de très nombreuses autres personnes que celles que l'on connaît déjà dans l'entreprise.

L'ESSENTIEL

La Place du Marché aux Informations crée les *conditions nécessaires à la circulation effective* de l'information et *à son accélération* au sein d'une entreprise ou de toute autre organisation professionnelle.

La Place du Marché aux Informations facilite les activités transverses et permet principalement aux acteurs de savoir où trouver ce qu'ils recherchent.

Sa dynamique s'appuie sur une structure à trois temps :
• rédaction des offres et des demandes ;
• premier tour de table des annonces ;
• second tour de table pour signaler les offres et demandes retenues.

Cette méthode peut être utilisée pour :
• dynamiser la circulation des informations ;
• créer un esprit de coopération et sortir les départements et les personnes de leur isolement ;
• créer une dynamique d'innovation ;
• préparer la mise en place d'un nouvel outil de communication interne, un intranet ou un réseau social, par exemple.

CHAPITRE 6

La Place du Marché Communautaire

Cette Place du Marché est dite Communautaire car elle permet à des personnes reliées par un même intérêt de mettre à la disposition les unes des autres leurs différentes ressources. Ces dernières peuvent être de toute nature à condition qu'elles aient un lien avec les finalités du groupe. Les participants peuvent appartenir à la même entreprise ou à un même territoire, faire partie de la même association, professionnelle ou non, ou encore être liés autour d'une thématique donnée comme l'innovation, le management, l'entraide professionnelle, le développement d'une profession ou d'un projet, etc. De telles Places génèrent souvent de nouveaux projets, issus des rencontres de personnes et des rapprochements d'intérêts et d'idées qu'elles provoquent.

Nous assistons à une séance de travail que vient d'initier le président d'une association professionnelle. Les participants sont des entrepreneurs de petites ou moyennes entreprises.

« Bon, alors, c'est d'accord ? Vous ne proposez pas votre ancienne voiture d'occasion ni vos chaises de jardin, mais tout ce qui pourrait être utile aux autres et que vous pouvez leur donner. Et puis n'hésitez pas à être concrets dans vos demandes. Hier encore, l'un d'entre vous m'appelait pour savoir s'il y avait dans notre réseau des gens ayant travaillé en Europe Centrale. Eh bien, c'est le moment de poser la question, car moi, j'en connais trois dans ce cas, mais je ne connais pas tout le monde, ni surtout ce que chacun fait. Ici, maintenant, nous sommes combien ? Quarante-trois ?

— Non quarante-six !

— Bon, vous voyez, avec quarante-six personnes, il y a bien plus de chances que vous trouviez des réponses que si vous vous limitez aux membres du bureau.

— Oui, moi aussi j'ai passé trois années en Pologne et…

— Attends, attends, justement, c'est pendant la Place elle-même que tu pourras annoncer tout ça. Pour l'instant, je donne les consignes. Donc au premier tour vous annoncez vos offres et vos demandes ; trois maxi, d'accord ? Et pas les offres que vous destinez à vos clients, car il n'y en a pas dans la salle, mais vos offres aux membres du réseau. Si vos offres ont du succès et si, par exemple, quinze personnes sont intéressées par l'une d'entre elles, vous vous organisez par vous-même pour opérer les transferts. Nous, aujourd'hui, nous vous donnons l'occasion de savoir qui peut vous donner ce qui vous manque, et qui a besoin de ce que vous pouvez donner. Et puis, en écoutant ce qui se dit, vous aurez plein d'idées. Profitez-en, vous allez avoir un concentré de ce que nous sommes.

— Je cherche des contacts à la direction de la société Boop, je peux les demander ici ?

— Oui, c'est exactement pour ça qu'on est là

— J'appartiens à un réseau de PME innovantes, quel intérêt cela peut avoir pour les membres de notre réseau ?

— Si tu formules ton offre en disant que tu es prêt à dire comment cela se passe lors d'une plénière – on te donnera 15 minutes – ou en proposant de mettre en relation ceux que cela intéresse ici avec ces entreprises, tu auras certainement des retours positifs.

— Si je souhaite créer un groupe de réflexion sur l'évolution du marché, c'est une offre ou c'est une demande ?

— Mets-le plutôt en offre, car il faudra bien que quelqu'un pilote le groupe, et autant que cela soit toi. Si c'est bien le cas, tu offres cette possibilité. Reste concret. Les offres et les demandes ont pour objectif d'aboutir à quelque chose, de te permettre d'avancer dans ce que tu fais. Par exemple, si tu qualifiais un peu mieux de quel marché tu parles, cela stimulerait probablement les bonnes volontés. C'est clair pour tout le monde ?

— Oui, oui, c'est bon. On y va ?

— OK. Prenez dix minutes de réflexion. Pour rédiger vos offres et demandes de façon à ce que le maximum de personnes les comprennent, et qu'elles aient envie de vous répondre. Soyez assez explicites pour qu'on ne réponde pas à côté, mais pas trop long car nous sommes nombreux. Juste ce qu'il faut pour échanger tout à l'heure avec ceux que vous aurez repérés. Nous aurons un moment pour cela, pendant le pot. N'oubliez pas, non plus, qu'après le premier tour, il y en a un second. Ne réagissez aux offres et aux demandes qui vous intéressent qu'au second tour, ce sera plus facile pour tout le monde.

— Bon, alors c'est parti. »

Commentaires

Nous sommes ici au sein d'un réseau de personnes, au début d'une réunion. Son déroulement n'est visiblement pas habituel. Il s'agit d'une association d'entrepreneurs, mais il pourrait s'agir d'un club, d'un syndicat professionnel, la forme importe peu. En tout cas, les membres sont des professionnels qui se retrouvent entre eux ; la nature des liens qui les unissent est celui de la parité.

La règle proposée, celle de la Place du Marché, ne pose pas de difficulté de compréhension particulière, offrir et demander est un geste si naturel. Mais on remarque qu'elle doit être précisée avec des exemples. Il est en effet assez rare que nous reproduisions la technique de l'offre et de la demande entre pairs. Le plus souvent, les réunions d'association, au sens large, s'organisent soit autour d'une thématique, avec la présence d'un ou plusieurs conférenciers, soit sous la forme de réunions chargées de produire un résultat : atelier, commission, groupe de travail, réunion de bureau, préparation de tel ou tel événement. Mais nous pratiquons peu les réunions permettant à chacun de faire circuler les informations le concernant. Cela se passe en début ou en fin de réunion, et au hasard des rencontres. Observez, par exemple, tout ce qui se dit sur les pas de porte ou sur un trottoir, à l'issue d'une réunion. Cette façon informelle de procéder est suffisante lorsque le groupe est de taille modeste, stable dans sa composition, ou qu'il se retrouve fréquemment pour travailler ensemble. En revanche si le réseau est plus large et les activités multiples, ces échanges laisseront en jachère tout un potentiel de relations entre les membres. Ces ressources disponibles ne trouveront alors pas d'occasion de se faire connaître ni de se concrétiser.

Dans l'exemple donné, le président de l'association qui a pris en charge l'animation de la Place du Marché le précise bien : il ne connaît qu'une partie des ressources de son réseau, mais la majorité des demandes convergent vers lui, car il est situé en son centre. Si l'on n'a l'occasion de s'adresser qu'à une seule personne, il est évidemment parmi les mieux placés, mais ne seront alors activées que les potentialités avec lesquelles il est en lien. L'une des conséquences de ce phénomène est que cela polarise l'essentiel des échanges et de la vie associative autour des membres du bureau, des organisateurs, et que cela laisse dans l'ombre des personnes qui risquent un jour de s'en aller… avec tout ce qu'elles auraient pu apporter aux autres.

La Place du Marché, telle qu'elle est mise en œuvre dans l'exemple, vise précisément à donner accès à toutes les ressources que les participants présents représentent. Si l'on s'en tient à ce seul objectif, on se rend compte qu'il est possible d'obtenir ce résultat en très peu de temps. Il nous est arrivé d'organiser quelques Places du Marché avec quatre-vingts et même cent personnes, et cela s'est fait en un temps relativement bref : entre une heure dix et une heure trente. Le plus étonnant, surtout lorsque l'on découvre la méthode pour la première fois, est que l'attention des participants demeure soutenue de bout en bout.

Un autre aspect doit être souligné : au travers de ses commentaires aux questions posées, l'animateur insiste sur l'importance de la formulation des offres et des demandes. Il y a au moins deux remarques à faire ici.

Tout d'abord, il faut être compris. Il ne suffit pas de dire ce que l'on offre pour que des personnes le comprennent à la simple écoute, d'autant plus qu'en présence d'une assemblée, chacun ne capte qu'une partie de ce qui est dit, ou ne capte que ce qui est dit d'une certaine façon. D'autres encore auront besoin que le message soit répété, car, souvent, on n'entend une idée que lorsqu'elle a déjà été prononcée. L'exercice demande donc d'y réfléchir.

Ensuite, l'annonce faite ici a pour objectif de déclencher une réaction. Elle n'a pas comme seul but d'informer. Si une demande est faite, elle doit être comprise, comme nous venons de le voir, mais elle doit surtout inviter ceux qui pourraient y répondre à réagir effectivement. Ajouter après l'énoncé du besoin une phrase comme : « Si l'un d'entre vous connaît une personne qui puisse me recevoir, je suis preneur » peut induire une prise de conscience chez celui qui écoute. Dans notre exemple, lorsque l'animateur dit : « Si tu formules ton offre en disant que tu es prêt à mettre en relation ceux que cela intéresse ici avec ces entreprises, tu as de bonnes chances d'avoir des retours positifs », il agit dans le même sens. L'important consiste à *amorcer* le processus de mise en relation. Vous dites votre besoin et vous indiquez comment vous imaginez que l'on peut vous répondre.

Nous retrouvons ici l'une des caractéristiques fortes de la Place du Marché : les organisateurs *ne prennent pas* en charge les transactions elles-mêmes. Cela étonne parfois. Pourtant, il est bien plus tonique de créer une situation permettant aux participants de prendre eux-mêmes en charge les démarches nécessaires à l'obtention de ce qu'ils demandent ou à la transmission de ce qu'ils proposent.

Nous pouvons également remarquer ici que l'action est lancée très rapidement : il a suffi d'une dizaine de minutes pour décrire le mode opératoire, et l'animateur laisse les participants « plonger », avec probablement encore quelques doutes sur la compréhension de l'intérêt de l'exercice. C'est en écoutant les premières offres et demandes que l'on entre vraiment dans l'esprit d'une Place du Marché.

Présentation de l'outil

La Place du Marché générique propose une règle d'échange fondée sur des échanges *dissociés* (voir le premier point clé du chapitre 4). Pour bien comprendre dans quels cas peut s'utiliser la Place du Marché Communautaire, nous vous rappelons les grandes lignes de ses applications possibles.

La forme de Place du Marché qui fonctionne bien en entreprise, dans tous les cas de figure, est la Place du Marché aux Informations. En entreprise, nous sommes presque exclusivement dans des environnements dans lesquels les personnes sont liées les unes aux autres par des liens hiérarchiques. Les décisions qui se prennent le sont dans des cadres fixés à l'avance, et pour toute question touchant à l'activité de l'entreprise, chacun dépend d'un (ou plusieurs !) responsable(s). En revanche la question de l'information est différente en ce sens qu'elle n'implique pas une décision, elle *permet* une réalisation.

Une Place du Marché Communautaire peut s'organiser à l'intérieur d'une même entreprise lorsque sont réunis les membres d'un même métier, par exemple des directeurs de département, des responsables d'unités, des responsables RH, des pilotes de processus, des commerciaux, des consultants internes, etc., ou dans le cas plus général où vous avez affaire à un ensemble de professionnels qui, dans un périmètre donné, sont libres de leurs mouvements et de leurs décisions. Les offres et les demandes seront le plus probablement des savoir-faire propres à ces métiers, des informations, ou des offres et demandes de services permettant de dynamiser les activités au sein du collectif ainsi formé. Le critère le plus simple à observer pour savoir s'il est opportun d'organiser une Place du Marché Communautaire est celui de la parité des participants envisagés.

Nous verrons, dans le chapitre suivant, qu'il existe une autre forme de Place du Marché, que nous avons baptisée « Contractuelle », et qui est également applicable en entreprise, au sein d'une même équipe, qu'elle soit permanente ou temporaire.

À l'extérieur des entreprises, ou de toute autre forme d'organisation professionnelle, la Place du Marché Communautaire est totalement applicable pour favoriser toutes sortes de transferts entre des personnes, chacune étant autonome vis-à-vis des autres, et seule responsable de ce qu'elle offre et demande.

RÈGLE DE LA PLACE
DU MARCHÉ COMMUNAUTAIRE

Nombre de participants : Entre 20 et 50, possibilité d'aller jusqu'à 80.

Durée : Deux heures sont suffisantes.

Animateur : Conseillé, sans formation particulière.

.../...

RÈGLE DE LA PLACE
DU MARCHÉ COMMUNAUTAIRE

Matériel nécessaire : Une salle avec table et chaises ; les participants doivent pouvoir se voir. Un support pré-imprimé.

Fréquence : De une à trois places par an pour un même public.

Déroulement : Les règles du jeu sont annoncées par l'animateur, et trois questions sont posées. Elles peuvent s'inspirer de la trame suivante :

- « Quelle est votre identité : nom, prénom, activité. »
- « Que puis-je offrir aux personnes qui sont présentes ?»
- « De quoi ai-je besoin, que je pourrais demander ici ? »

Distribuer le document pré-imprimé (voir l'exemple plus loin).

La Place du Marché Communautaire se déroule ensuite en trois temps, comme indiqué dans la règle générale :

1. **Réflexion.** Chacun prend une dizaine de minutes pour répondre aux questions en utilisant le document distribué.

2. **Premier tour de table.** Annonces successives des offres et des demandes en suivant un tour de table strict.

3. **Deuxième tour de table.** Annonces par chacun des demandes auxquelles il peut répondre et des offres qui l'intéressent.

Conseils d'animation

Comme précédemment, vous pouvez vous reporter au chapitre 4 pour plus de détails sur la façon d'animer une Place du Marché. Nous ne précisons ici que les conseils spécifiques à l'animation d'une Place du Marché Communautaire.

La Place du Marché Communautaire est destinée à produire des effets concrets dans un contexte donné : il s'agit de créer les conditions *nécessaires* au déclenchement d'une série de rapprochements qui ne sont, *a priori*, qu'à l'état de potentialités. Si vous êtes l'animateur, vous devez avoir clairement cet objectif en tête, car c'est vous qui allez donner le rythme et le ton de la rencontre. Au moment de commencer, le public doit être, autant que possible, détendu et concentré. Pour cela, restez le plus descriptif possible, en donnant éventuellement des exemples d'échanges, et en invitant chacun à être pratique. Aller au marché est, en général, plutôt agréable, ce qui n'empêche pas que l'on fasse attention à ce que l'on y achète ou vend. Ici l'attention sera orientée vers des questions telles que : « Que pourrais-je trouver d'utile ici ? » « De quoi ai-je vraiment besoin ? » ou « En quoi pourrais-je être utile à quelqu'un, dans les limites de mes disponibilités ? »

Le lancement de la Place du Marché. De la même façon que pour une Place du Marché aux Informations, précisez en début de séance les raisons de l'organisation de la réunion et ce que chacun peut en retirer, la logique du déroulement de la Place du Marché, les conseils à donner aux participants, comme celui, par exemple, d'anticiper ce qui pourrait être « oublié ». Précisez avec attention la définition des offres et des demandes. Une offre est disponible, le mode de transmission est précisé ou évident, elle s'adresse aux participants présents avec un *a priori* d'utilité. Elle doit rester dans le champ défini, bien que ce champ puisse être large. Une demande est concrète, pratique, exprimée simplement et directement. L'expression en est suffisamment travaillée pour que le maximum de personnes la comprenne et ait envie d'y répondre.

Donnez quelques exemples proches du contexte dans lequel se trouvent les participants pour qu'ils ne limitent pas le champ de leurs investigations ou qu'ils répondent en dehors du cadre. Attirez l'attention des participants sur le fait que, s'ils ont des activités indépendantes, ou s'ils ont un métier d'expert les habituant à l'offre de services, ils doivent changer de registre ici : il ne s'agit pas de décrire leurs offres habituelles, *mais de formuler des offres qui s'adressent aux personnes présentes dans la salle.* N'hésitez pas à insister sur ce point, c'est la principale difficulté d'adaptation rencontrée par des personnes qui participent à une Place du Marché pour la première fois.

Répondez aux questions, assurez-vous que chacun a bien compris le parti qu'il peut concrètement tirer de ce moment, et conservez une trace écrite des offres et demandes annoncées. Pour cela, prenez appui sur un document pré-imprimé distribué en début de séance. Voir l'exemple et les modalités ci-après, sous le titre Capitalisation.

Une fois la Place lancée, cadrez les premières interventions si elles vous semblent trop s'éloigner des règles données, notamment sur les contenus. Si ce qui est offert ou demandé sort du cadre, rappelez brièvement que seules sont annoncées les offres et les demandes adressées aux présents, sans autres commentaires. Si une personne est trop elliptique, faites-lui préciser rapidement ce qu'elle propose ou demande. Soyez attentif au temps, en fonction des contraintes qui sont les vôtres. Laissez cependant le rythme des interventions s'installer pour que chacun puisse « rentrer » dans la Place et être disponible à ce qui s'annonce.

À la fin du premier tour, rappelez les consignes propres au second tour avant de le lancer. Ayez toujours à l'esprit que c'est vous qui guidez le groupe dans ses actions.

Rappel des règles lors du second tour : chacun indique les offres qui l'intéressent et les demandes auxquelles il s'engage à répondre. Il est possible d'ajouter de nouvelles offres ou de nouvelles demandes.

Capitalisation

Il est conseillé de conserver et de redistribuer à tous les participants une trace écrite des offres et demandes annoncées. Pour cela prenez appui sur un document pré-imprimé distribué en début de séance. L'exemple ci-dessous est légèrement différent du précédent (Place du Marché aux Informations) en ce qui concerne les coordonnées des personnes : elles sont plus détaillées pour faciliter les prises de contact ultérieures.

Premier tour	**Place du Marché**	jj mm 20.....
Nom : Prénom : Structure :		
Téléphone : Mail : Domaine d'activité :		

Mes OFFRES	Mes DEMANDES
Offre (aux membres) 1	Demande (aux membres) 1
Offre 2	Demande 2
Offre 3	Demande 3

Côté Demande : Pensez à vos besoins au quotidien. Soyez concrets et pratiques, explorateurs et réalistes, concis et compréhensibles. Visez l'utile.
Côté Offre : Essayez d'imaginer que d'autres puissent avoir besoin de ce dont vous disposez. Soyez également pratique et concret, mais pour eux.

Une phase écrite succédant à une phase orale en démultiplie les effets. La phase écrite peut se limiter à un rappel de toutes les offres et demandes réalisées. Ces informations peuvent donner également lieu à un petit journal, ce qui permet d'y glisser une communication ciblée vers un public plus large.

Quelques « gestes » pratiqués par les participants

Participer à une Place du Marché Communautaire donne l'occasion à ses participants de :

▷ **découvrir** de nouvelles sources d'informations et de nouvelles potentialités collectives ;

▷ **mieux appréhender** un groupe dans son ensemble et comprendre éventuellement pourquoi certaines actions ne se réalisent pas, et comment et avec qui en lancer d'autres qui marchent ;

▶ **apprendre** à travailler la forme de ses messages pour qu'ils gagnent en efficacité, c'est-à-dire que les personnes à qui ils s'adressent les comprennent et puissent réagir ;

▶ **travailler leur écoute.** Pour réagir de façon pertinente lors du second tour de table, il est nécessaire de comprendre l'intention de ceux qui s'expriment et de s'adapter rapidement à des formes d'expression très variables en fonction des personnes qui s'expriment ;

▶ **coopérer** de façon plus directe et plus confiante.

L'ESSENTIEL

La Place du Marché Communautaire crée les *conditions suffisantes à la concrétisation* des multiples rencontres qui demeurent le plus souvent à l'état de potentialités dans de nombreux regroupements de personnes, qu'ils soient de forme associative ou non.

La Place du Marché Communautaire génère naturellement de nouveaux projets, fruits fréquents des associations d'idées induites par l'écoute successive d'offres et de demandes émises en un même moment.

Sa dynamique s'appuie sur une structure à trois temps :
• rédaction des offres et des demandes ;
• premier tour de table des annonces ;
• second tour de table pour signaler les offres et demandes retenues.

Cette méthode peut être utilisée pour :
• dynamiser les rapprochements entre pairs ou entre membres d'une même entité associative ;
• créer un esprit de coopération et une dynamique d'engagement ;
• se faire plaisir tout en étant utile à chacun.

CHAPITRE 7

La Place du Marché Contractuelle

La Place du Marché Contractuelle est destinée, comme son nom l'indique, à contractualiser les relations internes dans un groupe. Elle se fonde sur le même principe que les autres formes de Place du Marché mais en l'appliquant directement aux engagements propres de chacun des membres vis-à-vis de l'ensemble qu'ils constituent.

Les groupes pour lesquels son usage est le plus utile sont ceux qui doivent se maintenir sur la durée, tels des comités de directions, des associés, des partenaires, les membres d'une équipe, le bureau exécutif d'une association, etc. Le travail fourni ici est impliquant car il s'agit d'actualiser et de valider publiquement des engagements respectifs. La Place du Marché Contractuelle révèle les faiblesses et les fractures, elle donne de nouvelles fondations aux groupes.

Cela faisait deux ans que Bruno tentait d'engager son équipe de direction dans une salutaire remise en ordre des habitudes de travail dans l'entreprise. Les plans d'action conçus ensemble n'étaient pas mis en œuvre, les relations avec le groupe relevaient de relations individuelles et demeuraient incontrôlables, la majorité des membres de son équipe semblait individuellement partager ses vues, mais rien de collectif ne s'engageait.

De plus, les relations avec son président se tendaient de plus en plus. Ils étaient pourtant bien d'accord : Bruno avait été recruté pour remettre de l'ordre dans l'entreprise. Une belle entreprise mais qui perdait progressivement des parts de marché. Ses expériences passées et son école d'origine avaient évidemment compté dans son recrutement. Mais là, il ne comprenait plus rien. Chaque fois qu'il montait un projet de réorganisation d'un service, il suffisait au principal responsable d'user de ses anciennes relations avec le président pour que ce dernier lui conseille discrètement, à lui, le directeur général, spécialement recruté pour faire ce travail, de « lever le pied » et de « ne pas faire trop de vagues » !

Que faire ? S'en aller ? Laisser faire et se limiter au traitement des affaires courantes ? Non, il devait essayer encore une fois. Il ne pouvait pas abandonner si vite comme il en avait parfois eu la tentation. Oui, mais comment ?

Au moment du café, Monique et Luc évoquaient le nouveau projet d'extension du bâtiment B, et à ce propos se plaignaient ouvertement devant lui – c'était une première – de l'inconséquence de certains membres de son comité de direction. En les écoutant, Bruno se rendit compte qu'il n'était pas le seul à subir les dysfonctionnements organisationnels de l'entreprise. Cela lui donna une idée qu'il mit en œuvre dès le lendemain, en réunion de Codir.

« Bonjour à tous. Aujourd'hui, nous ne suivrons pas l'ordre du jour, les sujets prévus peuvent attendre une semaine. Nous allons faire un point d'étape. Cela fait deux ans que nous travaillons ensemble, et je vous propose un exercice simple et concret. »

Et Bruno exposa la règle de travail qu'il avait imaginée la veille.

Chacun avait réfléchi dix bonnes minutes, en silence, et puis s'était exprimé, en son nom propre.

Monique : « Ce que je peux apporter à l'équipe de direction que nous formons, c'est ma disponibilité. Lorsque je suis entrée dans l'entreprise, il y a cinq ans, c'était pour réaliser des projets ambitieux ; et je trouve que nous en avons lancés très peu. Si rien ne se passe dans les six mois qui viennent, je réfléchirai à mon évolution personnelle. En attendant, je suis prête à m'engager s'il y a une volonté partagée de bouger tout ça.

Ce que j'attends du comité de direction, c'est un soutien, une coopération concrète. Je souhaite que vous me disiez ce que vous voulez que mon département vous fournisse. J'aimerais que nous mettions – enfin ! – en place ces réunions de responsables métiers dont nous parlons depuis si longtemps. »

Antoine : « Oui, vous savez tous ce que je peux vous apporter : mon expérience, mes relations avec les anciens, les partenaires extérieurs. Oui, c'est une bonne idée de faire cet exercice... d'ailleurs, nous l'avions déjà fait à l'époque.

De quoi ai-je besoin pour que ça avance ? Je ne vois pas. Je reste à votre disposition si vous le souhaitez. »

René : « Mes équipes ont mis au point un certain nombre d'outils de mesure de nos activités. Ils sont prêts. Si vous voulez, nous pouvons les mettre en œuvre dans vos services. Je me rendrai disponible pour que cela puisse se faire rapidement.

Il me serait utile que nous fassions un point collectif mensuel sur les comptes. Cela me permettrait de mieux comprendre vos contraintes et vos objectifs. Et si vous pouviez recevoir de temps en temps un membre de mon équipe, et l'intégrer dans les vôtres juste une journée, ce serait formidable. »

Marie : « Sincèrement, pour moi, l'exercice est difficile. Il y a tellement d'habitudes dans la maison, que je ne vois pas très bien comment je pourrais répondre à votre demande. J'ai toujours travaillé directement pour Monsieur Maréchal, et il me demande de garder confidentielles les informations concernant le personnel. Évidemment j'en parle avec vous, Bruno ; mais ici, je ne sais pas si j'ai le droit.

Je me rends compte que je ne connais pas du tout les activités de l'entreprise, par exemple je n'ai jamais été dans les établissements. Si c'est possible, j'aimerais bien pouvoir en visiter un ou deux. Et puis cela m'intéresserait de travailler en équipe, j'ai toujours aimé cela, je trouve qu'on est plus productif à plusieurs. »

Le tour de table continua ainsi, jusqu'au bout. Lorsqu'il prit son tour, Bruno en profita pour remonter encore un peu la barre de ses ambitions. En moins d'une heure, il savait exactement sur qui il pouvait compter et ce qu'il pouvait obtenir de chacun. En plus, grâce au second tour qu'il avait eu l'idée d'ajouter au dernier moment, les choses étaient claires pour tous dès maintenant ; il le sentait à la qualité des regards qui croisaient le sien. Il savait déjà comment il allait engager la suite, étape par étape. Il se demandait simplement pourquoi il avait attendu si longtemps.

Commentaires

Notre directeur général, Bruno, utilise ici la technique de la Place du Marché dans un contexte différent de ceux décrits dans les deux chapitres précédents. Nous retrouvons le temps de réflexion et de rédaction des offres et des demandes, le fait qu'elles soient adressées aux présents sans qu'il y ait d'échange des unes contre les autres ; le premier tour d'annonce suivi du second permettant à chacun de réagir.

La première différence se trouve dans la nature de ce qui est offert et demandé. Ici, ce sont des engagements individuels qui sont offerts, et les besoins liés à la responsabilité de chacun qui sont demandés. La seconde différence réside dans l'identité de l'interlocuteur. Les offres et demandes ne sont pas adressées aux personnes individuellement, mais au groupe dans son ensemble. La technique permet d'explorer, non toutes les potentialités d'offres et demandes entre les membres, mais celles qui lient chacun de ses membres à l'équipe de direction considérée comme un tout.

Dans le déroulement des événements relatés, nous observons que deux personnes, Monique et René, saisissent immédiatement l'occasion que leur directeur général leur offre, Monique avec une certaine impatience et René avec méthode. En revanche le malaise de Marie se perçoit très clairement. Elle ne peut rester totalement silencieuse car son directeur général est son supérieur direct et qu'elle a le sens de la hiérarchie, mais elle est liée, et plus profondément encore, au président de la société. Pour elle, l'exercice a dû être assez désagréable, du moins sur le moment. Et pourtant nous pouvons percevoir dans ses propos une forme de soulagement, notamment lorsqu'elle fait part de son goût pour le travail en équipe. Elle semble être en recherche d'alliés et veut visiblement sortir de son isolement. En revanche Antoine n'a aucune envie d'entrer dans le jeu proposé, il se défausse et son geste est visible par tous.

On voit ici que la même question, posée dans un cadre fixé à l'avance, oblige certains à se dévoiler, et elle pousse dans leurs retranchements ceux qui n'y tiennent pas. C'est la simultanéité du dévoilement demandé et sa dimension publique qui en font l'efficacité. Chacun donne sa position car la méthode employée rend évident le processus suivi. Chacun s'exprimant sur un sujet habituellement laissé dans l'ombre, les silences seront aussi audibles que les paroles exprimées. Lorsque Antoine prend la parole, tous les autres attendent, puis entendent la position qu'il prend. Il tente de gagner du temps, mais très vite, si l'ensemble des autres membres du comité de direction s'engagent avec le directeur général, il apparaîtra isolé des autres.

Si l'on considère l'ensemble de ces interventions, nous remarquons que tous ceux qui souhaitent s'engager plus dans l'action commune le font clairement savoir. Nous remarquons également que cela leur permet d'affirmer leur propre position, comme cela se voit dans l'exemple de Monique. Évidemment, après une telle intervention, si les autres restent en retrait et que Monique quitte l'entreprise,

Bruno pourra se dire qu'il aura inutilement précipité le départ de l'une de ses plus fidèles alliées. Cela fait partie des risques qu'il est nécessaire d'évaluer avant de se lancer dans l'exercice. De son côté, Bruno a obtenu ce qu'il recherchait. Il sait maintenant à quoi s'en tenir, sur qui il peut compter ; il a repris la situation en main.

La technique de la Place du Marché permet à chacun de se déterminer par rapport à l'équipe, et d'une certaine façon elle les *oblige* à le faire. Elle rend visibles et publiques les contributions et les besoins de chacun. On voit immédiatement que l'exercice est ici beaucoup plus impliquant que lors des formes de Place du Marché précédentes. Globalement, du fait de sa structure même, la Place du Marché Contractuelle permet à chacun de saisir des informations très concrètes sur les principaux acteurs de l'entreprise. Information qu'il aurait été très difficile d'obtenir autrement que par la création d'un événement fort tel que celui-ci. Cette information n'était pas disponible, *elle s'est révélée lors de la séance.*

N'oublions cependant pas qu'il aurait évidemment été possible que Bruno ne parvienne pas à ce résultat. Il peut être utile de rappeler qu'une histoire, fût-elle inspirée de faits réels, ou qu'un témoignage aussi sincère soit-il, n'est que le récit d'événements qui se sont déroulés dans un contexte donné. Seul celui qui pilote une action peut savoir s'il doit ou non s'engager dans telle ou telle voie, et peut mesurer les risques qu'il prend alors. Dans notre exemple, le directeur général semble avoir fait le tour de la question avant de s'engager. Il a besoin de savoir s'il peut tenter une nouvelle action dans l'entreprise. Les risques sont minimes et les échanges au moment du café la veille l'avaient conforté. La façon de procéder n'a pas besoin de suivre une procédure trop stricte, car l'obtention des résultats espérés dépend plus de son engagement personnel et de la maîtrise des réactions de ses interlocuteurs, que du déroulement exact de la méthode. Une démarche trop rigide ou trop élaborée étouffe la liberté d'action de celui qui pilote un travail collectif. Ce qui a été obtenu n'était prévisible qu'en partie. C'est justement pour savoir sur qui il peut compter que Bruno a engagé ce travail.

Le résultat aurait pu être négatif, la séquence lui aurait cependant été utile. Monique et René auraient pu rester en retrait. Dans ces conditions, Bruno n'aurait probablement pas pu reprendre l'entreprise en main comme il le souhaitait. Mais il aurait obtenu une information qui lui manquait. Et dans ce cas, rien n'empêche d'imaginer que des facteurs *a priori* défavorables ne le soient pas tant que cela. Par exemple, Antoine, qui semble rester très clairement distant lors de son premier tour, peut découvrir qu'il est tout aussi isolé que Bruno et décider de se rapprocher de ce dernier. Il peut également se rendre compte qu'il peut tirer parti de la volonté de Bruno s'il comprend que ce dernier peut l'aider sur un autre dossier, extérieur à l'entreprise. Ce qu'a gagné Bruno, c'est une information précieuse qu'il n'aurait pas pu obtenir autrement qu'en provoquant cette séance et telle qu'il l'a menée.

RÈGLE DE LA PLACE DU MARCHÉ CONTRACTUELLE

Nombre de participants : Idéalement entre 3 et 15, mais avec des possibilités de faire varier ces limites.

Durée : Une à deux heures.

Animateur : Par l'un des membres.

Matériel nécessaire : Aucun, sauf une salle de réunion.

Fréquence : Annuelle, selon le degré de nécessité. Ou ponctuellement.

Déroulement : Les règles du jeu sont annoncées et deux questions, modifiables, sont posées :
- « Que suis-je prêt à apporter à l'équipe afin que nous puissions conduire notre mission dans les meilleures conditions possibles ? »
- « De quoi ai-je besoin de votre part pour être en mesure de tenir au mieux mes engagements ? »

.../...

RÈGLE DE LA PLACE DU MARCHÉ CONTRACTUELLE

La Place du Marché Contractuelle se déroule ensuite en trois temps, comme indiqué dans la règle générale :

1. **Réflexion.** Chacun prend une dizaine de minutes pour répondre aux deux questions.

2 **Premier tour de table.** Annonces successives des offres et des demandes en suivant un tour de table strict.

3 **Deuxième tour de table :**
   - annonce par chacun de la part qu'il peut prendre *individuellement* pour répondre aux demandes formulées ;
   - annonce des conclusions que chacun tire du premier tour *en tant que membre du collectif.*

Points clés

Contrat et dynamique collective

Comme dans les autres types de Places du Marché, les offres et les demandes sont annoncées dans le même mouvement. Chacun est invité à se positionner par rapport à ce qu'il peut donner, et, simultanément, il lui est demandé de définir les moyens dont il a besoin pour y arriver. Si vous y prêtez attention, vous remarquerez qu'ici les offres et demandes ne sont plus totalement dissociées, dans le sens où les offres sont en partie *conditionnées* par les besoins exposés. Elles ne sont toujours pas valorisées, elles ne sont pas non plus échangées, mais elles constituent une sorte de *contrat* collectif. De nombreux accords se font entre deux parties, l'acheteur et le vendeur, l'employeur et le salarié, le loueur et le locataire, etc. Ici, cela se passe comme lorsque des futurs associés s'engagent ensemble pour créer une entreprise ou une association, sauf qu'ici l'accord reste oral, chacun précise publiquement la nature et les conditions de son engagement dans une action commune. S'engager contractuellement, soit par écrit soit oralement et publiquement, est probablement la meilleure si ce n'est la seule façon de constituer de véritables collectifs.

Si nous observons de plus près ce qui se passe lors d'un tel accord, nous remarquons que les engagements et l'expression des besoins de chacun interfèrent les uns avec les autres. Cela se perçoit dans l'histoire en début de chapitre : « Lorsqu'il prit son tour, Bruno en profita pour remonter encore un peu la barre de ses ambitions. » L'ajustement se fait au début individuellement, en fonction de ce que chacun imagine de la position des autres. Comme il sait que chacun va s'engager, bien qu'il ne puisse savoir dans quelle mesure, il prend un pari. Si, au fond, il a quelque chose à proposer et à demander, il est au final moins risqué de l'exprimer que de s'en abstenir. Il ne peut se contenter d'attendre, car c'est d'entrée de jeu, dès le premier tour, que chacun annonce ses offres et demandes. S'il reste trop prudent, le mécanisme auquel tous les participants sont soumis rendra cela évident, par simple comparaison avec les autres annonces.

Assez logiquement, et grâce aux dix minutes laissées à chacun pour réfléchir, les personnes ont en général tendance à dire l'essentiel de ce qu'elles ont à dire, *et sans aller au-delà*. Si l'on prend un peu de recul, on constatera que ce phénomène, répété autant de fois qu'il y a de participants, génère une mise en déséquilibre des positions de prudence réciproques et crée ainsi un mouvement collectif dont tous sont témoins. Il est difficile de revenir en arrière ensuite.

L'interlocuteur collectif

Les offres et demandes sont adressées « à l'équipe de direction », « au groupe dans son ensemble ». En droit, on pourrait parler de personne morale. Chaque membre s'adresse à l'ensemble humain auquel il appartient comme à un tout. On pourrait dire que chacun se positionne en tant que sujet singulier : « je », et qu'il s'adresse au sujet collectif : « nous ». Dans l'action collective, ce qui est l'essence même de toute entreprise, c'est bien ce « nous » qui agit. Mettre *simultané-ment* en mouvement ces deux dimensions d'un groupe humain, singulière et collective, est fondateur de ce que désigne très concrètement ce simple mot : « nous ». Travailler ensemble ne peut se concevoir sans cette double dimension du sujet individuel et du sujet collectif, et c'est en cela que la dimension orale et instantanée doit *nécessairement* compléter la dimension écrite et organisationnelle des choses.

Conseils d'animation

La Place du Marché Contractuelle vise spécifiquement une équipe qui se constitue ou une équipe qui a besoin de se ressouder. Assez logiquement, la méthode s'adresse ici à un groupe *a priori* plus restreint que ce qui est pratiqué avec les deux premières formes de Place du Marché. C'est la taille du groupe tel qu'il existe qui définira le nombre de participants. S'il se situe autour d'une à deux dizaines de personnes, cela ne pose pas de difficulté particulière. À l'usage, vous vous rendrez compte que ce nombre peut diminuer jusqu'à sa limite inférieure ; en effet la technique fonctionne très bien à deux. Avec des groupes plus conséquents, il peut être nécessaire de démultiplier la méthode.

Il va de soi qu'un tel exercice ne peut être lancé que par le responsable du groupe, à sa demande ou avec son accord. De même, ce responsable doit participer à l'exercice. En son absence, vous ne récolterez que quelques belles intentions, mais rien de concret.

Le lancement de l'exercice se fait lorsque la situation exige une reprise en main, lorsque chacun s'attend à « ce qu'il se passe quelque chose », ou ne s'en étonne pas lorsque cela arrive. Si deux personnes se rencontrent pour établir les conditions d'une transaction, elles savent pourquoi elles se rencontrent, ce qu'elles vont se dire, les points qui doivent être discutés. Éventuellement elles font appel à un médiateur. Il en va de même pour la Place du Marché Contractuelle, c'est la situation qui en justifie l'usage. Si un groupe a perdu de vue ses objectifs, ses raisons d'être, sa cohésion ou même son efficacité, il peut être opportun de se lancer dans l'exercice.

Dans ce cas, vous devez être clair et direct lorsque vous invitez les participants à s'engager dans une Place du Marché Contractuelle. Dans l'histoire ouvrant ce chapitre, les personnes sont présentes lorsque le directeur général annonce le contenu de la séance. Il s'est exprimé de la façon suivante : « Aujourd'hui, nous ne suivrons pas l'ordre du jour, les sujets prévus peuvent attendre une semaine. Nous allons faire un point d'étape. Cela fait deux ans que nous travaillons ensemble, et je vous propose un exercice très simple, et très concret. »

Il n'est pas nécessaire d'argumenter ni d'expliquer, mais il est important de savoir imposer l'exercice et de le décrire clairement. Les règles étant extrêmement simples, leur compréhension ne pose pas de difficultés particulières. En revanche, il est prudent d'insister sur la compréhension des questions posées. Comme elles touchent le fonctionnement quotidien d'une équipe et, par la même occasion, toutes les dimensions implicites d'un certain nombre de relations entre les membres présents. Leur simple énoncé pourra demander deux ou trois répétitions avant d'être convenablement intégré dans l'esprit de chacun. Servez-vous des questions des uns et des autres. Lorsque vous verrez que les visages deviennent graves, c'est que le moment de lancer l'exercice se rapproche : chacun quitte peu à peu le monde des idées et des apparences pour se concentrer sur le terrain sur lequel il va pouvoir, ou devoir, s'engager à découvert.

Les deux questions que nous vous invitons à poser sont des exemples. Le fond doit être conservé, mais la formulation exacte vous appartient. Elle doit permettre à chacun de comprendre ce qui est en jeu et l'obliger à répondre explicitement à ce qui lui est demandé. Évitez toute question n'invitant qu'à l'expression d'intentions ou d'idées générales.

Les questions doivent s'adresser à chacun, individuellement et toucher ses propres convictions, ses engagements réels.

Une fois lancé, annoncez bien que le temps de réflexion sera environ de dix minutes, car cela fixe le sérieux de la démarche. Il ne s'agit pas de trouver quelques idées « en vitesse », mais bien de prendre un peu de temps pour dire ce qui doit être dit. Et comme tous les participants se taisent et commencent à inscrire leurs premières pistes de réflexion, à les barrer pour en écrire d'autres, le mouvement devient rapidement contagieux. En ce qui vous concerne, suivez scrupuleusement les règles que vous avez vous-même énoncées, et cherchez avec le plus de sérieux et de sincérité ce que vous allez exprimer lors du premier tour de table. C'est votre attitude qui sera prise comme référence dans ce court laps de temps. Évidemment les différents appareils portables sont éteints.

Lors de l'animation elle-même, il importe d'être attentif à ce qui se passe, puisque la principale raison de cet exercice est de faire exprimer ce qui ne se dit pas. Soyez attentif à tout ce qui vous étonne, à ce qui diffère des habitudes des uns et des autres, laissez s'imprimer en vous ces sensations sans trop chercher à les comprendre sur l'instant. N'oubliez pas que le fait d'être concentré sur une idée empêche de capter ce qui se passe autour. La majeure partie demeure si, assez rapidement à la suite de la séance, on prend le temps nécessaire pour fixer dans sa mémoire ce que l'on a entendu.

Veillez à ce que la règle des deux tours soit bien respectée. Ne laissez pas un participant réagir s'il n'a pas la parole et appliquez-vous cette même règle. Ce que l'ensemble exprime, ou ce qui se dégage d'un ensemble de propos, a toujours plus d'importance que l'une des idées que l'on remarque sur l'instant. L'objectif de la séance est bien de refonder le groupe, c'est à ses fondations qu'il est important de se consacrer sur le moment. Les idées, les projets, les découvertes particulières, aussi vitales soient-elles ne doivent pas affaiblir l'un des principaux « outils » dont vous disposez, c'est-à-dire la cohérence retrouvée d'un groupe.

Quelques « gestes » pratiqués par les participants

Participer à une Place du Marché Contractuelle donne l'occasion de :

▷ **réfléchir** à ses propres engagements et les actualiser de façon formelle ;

▷ **écouter** les autres avec attention ;

▷ **lever des ambiguïtés** ;

▷ **s'engager publiquement** ;

▷ **prendre la mesure** de ce qu'il est possible ou non de réaliser ensemble ;

▷ **participer** à une action collective.

L'ESSENTIEL

La méthode de la Place du Marché Contractuelle permet de fonder ou de refonder un groupe. Elle s'adresse à un collectif lié par une même mission ou une même vocation. Elle est très impliquante.

Sa dynamique s'appuie sur une structure à trois temps :
- rédaction des engagements et expression des besoins individuels ;
- premier tour de table des annonces ;
- second tour de table des échos de chacun.

Cette méthode peut être utilisée pour :
- dépasser une incompréhension ou un désaccord profond ;
- trouver ou retrouver une cohérence d'action durable.

CHAPITRE 8

La Méthode du Sosie

La Méthode du Sosie est inspirée de l'Instruction au Sosie, outil d'analyse du travail qui permet aux personnes d'appréhender au plus près leur activité professionnelle. Cette dernière a été mise au point dans les années 1970 par I. Oddone chez Fiat afin que les salariés puissent approfondir et développer leurs savoir-faire. Reprise dans le cadre de la Chaire de psychologie du travail au Cnam par son directeur Yves Clot, l'Instruction au Sosie devient alors un moyen d'approcher son activité par une confrontation avec la vision de ses pairs.

Nous vous proposons ici une méthode qui reprend en partie les principes de cette démarche en mettant plus particulièrement l'accent sur la dimension collective de cet outil. Sa place dans cet ouvrage s'explique par le fait qu'en approfondissant la conscience de ses gestes professionnels, chacun nourrit en profondeur le métier du collectif auquel il appartient.

C'est l'heure de la pause-café dans une entreprise de services. Deux personnes s'entretiennent à propos d'une formation que suit l'une d'entre elles.

Pierre : « Alors, comment se passent les sessions, est-ce que tu y vois plus clair ? La dernière fois que nous nous sommes croisés tu semblais un peu… perdue, non ? »

Louise : « Oui, c'est vrai que je ne voyais pas trop où l'animateur voulait nous emmener. Mais maintenant je comprends mieux ce que nous avons fait. Cela change des choses pour moi, et aussi pour nous tous.

— C'est-à-dire ?

— Au début, on croyait que nous allions faire un *team building* classique. Alors forcément, quand l'animateur nous a expliqué la Méthode du Sosie sans nous dire vraiment ce que nous pouvions en retirer, eh bien nous étions plutôt dubitatifs.

— C'est quoi cette Méthode du… Sosie ? c'est ça ?

— Oui, c'est ça. Nous sommes tous en groupe, nous étions huit, tout le service. L'animateur nous a donné une consigne. Il nous a dit : "Supposez que je sois votre sosie et que demain je me trouve en situation de devoir vous remplacer dans votre travail. Quelles sont alors les instructions que vous devriez me transmettre afin que personne ne s'avise de la substitution ?" En fait, l'animateur devient une sorte de "sosie professionnel". Je t'avoue que là, nous étions assez étonnés. Mais on a commencé, et comme il fallait un volontaire, je…

— Vous avez commencé tout de suite ?

— Oui ! Il fallait présenter une séquence choisie à l'avance, qui soit représentative de notre activité, passer les consignes à l'animateur et…

— Je ne comprends pas bien. Comment faites-vous concrètement ?

— Je vais te dire comment je m'y suis prise. J'ai choisi de dire ce que je faisais en arrivant le lundi matin. J'ai commencé en disant : "Tu arrives à 8 h 30, tu vas dire bonjour aux collègues qui sont là, tu papotes cinq minutes à propos du week-end. Une fois dans ton bureau, tu ouvres d'abord ta messagerie pour voir s'il n'y a pas eu de mails urgents ou une information importante à diffuser dans le service. Puis, tu vas vérifier la salle pour la réunion de 9 heures, le matériel, les documents et..."

— Et l'animateur ? Il ne dit rien ?

— Si, si... l'animateur pose des questions pour préciser les choses, là par exemple il m'a demandé comment je procédais pour repérer les mails urgents, comment je faisais pour préparer les documents, et comment je gère les cas d'absence. J'ai déroulé comme ça, devant les collègues, cette séquence.

— Ce n'est pas gênant ces questions, ces interruptions ?

— Si, un peu, ça te coupe dans ta pensée, mais d'une certaine façon c'est fait pour, parce que justement ça t'oblige à réfléchir à ce que tu fais vraiment. Ces questions te remettent dans l'exercice. On a toujours un peu tendance à digresser ou à expliquer le pourquoi des choses et à oublier la consigne qui est d'expliquer comment on fait ceci ou cela...

— C'est pourtant le plus utile d'expliquer les raisons de ce que tu fais, non ?

— Oui, quand tu transmets une consigne à quelqu'un, mais là ce n'est pas le but. On travaille vraiment sur nos manières de faire, pour en prendre conscience. Celui qui joue le sosie t'oblige à lui dire le détail de ce que tu fais, le plus souvent sans t'en rendre compte. Et c'est là que cela devient intéressant car on découvre plein de choses. Par exemple, je me suis rendu compte que je ne demandais jamais à l'équipe du week-end ce qu'ils avaient à me signaler, comme si pour moi le monde s'arrêtait du vendredi au lundi ! Alors qu'il se passe toujours des tas de choses.

— Mais, ça doit prendre des heures !

— Non, car on se limite à une vingtaine de minutes par personne. Pendant ce temps-là, le groupe écoute en silence. Après, ils me posent tous des questions sur ce que j'ai dit, je réponds et nous échangeons alors sur une activité que nous connaissons et vivons tous.

— Et ça vous a apporté des choses intéressantes ?

— Eh bien oui. D'abord parce que les questions et retours du groupe m'ont ouvert des horizons que je n'imaginais pas, comme cette histoire du week-end. Et puis j'ai compris qu'il est possible de travailler même si on n'est pas d'accord.

— Ah bon ! Mais comment vous faites si vous n'êtes pas d'accord ?

— Ce n'est pas compliqué, on se parle ! Moi aussi, je croyais qu'il fallait toujours être d'accord pour bien travailler ensemble. En fait non, on n'a pas besoin d'être d'accord sur tout. L'important c'est de réussir à se comprendre sur ce qui permet de travailler ensemble. L'idée, c'est que lorsqu'on ne se comprend pas, il faut en parler, il faut se dire sur quoi on n'est pas d'accord, et puis s'expliquer. On découvre des idées auxquelles on n'aurait jamais pensé tout seul. Assez rapidement, et nous l'avons tous découvert, on arrive tous à apprendre de nouvelles choses sur ce que nous faisons ensemble. En fait, c'est tout le métier qui progresse comme cela, à partir de nos désaccords. Et du coup, l'équipe fonctionne mieux, car on se connaît mieux, c'est moins superficiel. »

Commentaires

Au premier abord, cet échange peut sembler abscons. D'ailleurs, Pierre est plus d'une fois dubitatif. Il est même vraisemblable qu'à la fin de l'entretien, il sera peu convaincu, mais que sa curiosité aura peut-être été aiguisée. De son côté, Louise a découvert une nouvelle dimension de son métier. Derrière ce qui lui paraissait d'une extraordinaire banalité, lui sont apparues des réalités qu'elle ne soupçonnait pas. Elle se demande encore, lorsqu'elle en parle à Pierre, comment elle pouvait omettre de faire le point avec l'équipe du week-end.

Ne pas faire un geste qui apparaît comme indispensable lorsqu'on y pense est bien plus fréquent que ce que l'on peut imaginer. Sur le terrain de la sécurité, il n'est pas rare d'entendre des personnes affirmer ne jamais prendre tel ou tel risque alors qu'il est de notoriété publique qu'elles les prennent régulièrement. Cela arrive même lorsque ces risques peuvent attenter à leur vie. Pourquoi le font-ils ? Et pourquoi sont-ils persuadés du contraire ? On peut certainement expliquer cela de diverses manières, toujours est-il que l'on constate un écart important entre ce que l'on croit savoir de soi et ce que des observateurs externes à la situation peuvent observer. Le Sosie est l'une des façons permettant de réduire cet écart.

Ici, au début de l'exercice, personne ne sait s'il y a ou non des dimensions du métier qui seraient « oubliées ». Comme on le découvre, la méthode consiste, non pas à essayer d'analyser ou de deviner ce qui manque à la place des personnes concernées, mais *à le faire exprimer par ceux-là mêmes qui agissent*. Pour cela, il est mis en place un processus somme toute assez rudimentaire mais incroyablement efficace. Le travail se fait avec l'ensemble de l'équipe, et *en suivant le fil de la remémoration progressive des gestes les plus banals et au plus près du quotidien*. La question initiale n'est pas de savoir pourquoi Louise oublie de demander ce que l'équipe du week-end pourrait lui dire le lundi matin, mais tout simplement ce qu'elle fait, prosaïquement. Pendant ce temps-là, les autres membres de l'équipe se taisent et se préparent à poser des questions à Louise sur ce qu'elle vient de dire.

Ce dispositif permet à la personne de réfléchir à ses gestes par une sorte de dialogue intérieur. Par exemple si le Sosie lui demande : « Oui, mais là, je fais quoi ? », cela oblige la personne à « réfléchir à ce qu'elle fait vraiment » comme le dit Louise. C'est-à-dire que le dialogue, simple, technique, qui est mis en œuvre par la méthode *déclenche* un second dialogue de la personne avec elle-même. Ces deux dialogues se déroulent simultanément et sous le regard des pairs directs de Louise. Nous ne sommes pas dans une séance de psychothérapie, comme certains le croient parfois, mais dans une sorte de rituel de métier, qui est justement de « faire parler le métier ».

C'est dans ce dialogue entre la parole collective et la sensation intérieure qui conduit le geste que le métier se situe. Et qu'il se développe. Nous voyons Louise découvrir cette dimension avec un certain bonheur : « En fait, c'est tout le métier qui progresse comme cela, à partir de nos désaccords. » Cet exercice permet des échanges sur la réalité même du métier de chacun, et sur les façons dont ils s'interpénètrent. Nous touchons ici à la part *intime* du métier, que d'ailleurs seuls peuvent comprendre les intéressés. L'intime des métiers individuels se nourrit dans l'intime du métier collectif. Et réciproquement.

Un dernier mot. On pourrait penser qu'une fois que l'on a fait le tour d'une question, comme celle évoquée par Louise et qui a émergé ce jour-là, on aurait « tout dit ». Il n'en est tout simplement rien. Confronter sa propre perception de ce que l'on fait au regard des autres permet de « découvrir des idées auxquelles on n'aurait jamais pensé tout seul » comme le dit Louise. Et au-delà de ces idées, qui viennent à l'occasion d'un échange tel que celui-ci, d'autres idées apparaissent. Un geste se travaille sans cesse, et il peut *infiniment* s'améliorer. On le comprend plus aisément si l'on pense aux gestes des sportifs ou à ceux des artistes, pensez à un golfeur ou à un violoniste, cependant il en va de même pour toute pratique impliquant une gestuelle. Mais, et c'est cela qu'il est intéressant de remarquer, *il en va également de même pour tout geste de métier, qu'il soit manuel ou non.* C'est cela que Louise et ses équipiers commencent à découvrir.

Le grand plaisir, et la grande récompense offerte par l'exercice d'un métier pour celui qui l'exerce, est justement de réussir à se dépasser, à trouver sans cesse de nouvelles astuces. Retenez pour l'instant que c'est en se focalisant sur la question du « comment » et en *réglant* précisément les échanges, que l'on accède le plus rapidement à cette possibilité de développement du métier.

Présentation de l'outil

La Méthode du Sosie est destinée à approfondir le « métier » d'un collectif et de chacun de ses membres. Comme cela est le cas pour tous les outils présentés dans cet ouvrage, son utilisation développe par la pratique les capacités individuelles et collectives à « travailler ensemble ». Sa particularité est d'avoir été conçue dans le but exclusif du développement de cette capacité. Son utilisation correspond à une étape technique, à une séance de révision commune, à une forme de réappropriation en profondeur de ce que l'on connaît déjà mais qui se redécouvre sans cesse.

RÈGLE DE LA MÉTHODE DU SOSIE

Nombre de participants : Une équipe professionnelle, entre 5 et 12.

Durée : Deux heures par séance, en fonction du nombre de participants.

Animateur : Une personne ayant déjà expérimenté la méthode pour elle-même.

Matériel nécessaire : Une salle, éventuellement un magnétophone.

Déroulement : Tous les présents participent, en une ou plusieurs séances consécutives. À chacun d'entre eux, l'animateur pose la question suivante : « Suppose que demain je te remplace dans un moment précis de ton travail. Quelles consignes me donneras-tu afin que personne ne s'aperçoive de la substitution. Comme je suis ton Sosie, tu me tutoies. »

.../...

RÈGLE DE LA MÉTHODE DU SOSIE

Après une brève préparation, la séquence se déroule ensuite en trois temps :

1. **Préparation.** Chaque participant choisit une séquence précise et significative de son activité et prend une dizaine de minutes pour lister ses actions et réfléchir *à la façon* dont il s'y prend.

2. **Instruction au Sosie.** Elle dure entre 10 et 20 minutes. La personne s'applique à décrypter ses manières de faire, à dire le « comment » et non le « pourquoi ». L'intervenant se limite à recadrer ce qui est décrit, et pose des questions pour obtenir plus de précisions.

3. **L'échange collectif.** Pendant 15 minutes, les participants reviennent sur la séquence présentée et posent des questions. Il est possible qu'ils fassent part de leurs étonnements sans pour autant donner des solutions ou émettre des jugements.

Points clés

L'importance du « comment »

Le dialogue se construit autour d'une consigne précise : une personne présente une séquence de son activité à une tierce personne. Cet interlocuteur est appelé « sosie » parce que son rôle est effectivement d'être un sosie, c'est-à-dire une personne qui est chargée d'agir de façon totalement identique à la première. Nous ne l'appelons pas imitateur, car il ne s'agit pas d'imiter la personne, *mais ses gestes seuls*. Ici c'est bien la « façon de faire » qu'il s'agit de reproduire au plus près. La séquence choisie est courte afin de centrer les attentions de chacun sur cet aspect précis. Cet artifice permet, dans un premier temps, de décrypter l'activité le plus finement possible en reconsidérant, avec un œil neuf, des gestes professionnels devenus machinaux, et par là de pouvoir remettre en question ses façons de travailler.

Par le truchement du Sosie, on se trouve *séparé* de son quotidien professionnel et amené à le considérer à travers un prisme différent. Précisons que toute l'attention est ainsi portée sur le « faire » et non sur l'« être ». En se focalisant sur les manières de faire, l'accent se trouve mis sur les fondements du métier. Ce qui se joue alors est de l'ordre de l'intime, mais d'un intime *professionnel*.

On pourrait comparer cela au travail du comédien. Lorsque ce dernier cherche à donner vie à un rôle, il est obligé de connaître parfaitement la pièce, le texte, et de le servir au plus près. C'est la dimension professionnelle visible. Et pour cela, pour exercer son métier de comédien, il devra aller puiser en lui ce qui lui permettra justement de remplir le contrat qu'il a passé avec ceux qui l'emploient et avec son public. La question n'est alors pas de savoir qui il est, mais de trouver *comment* il va utiliser ce qu'il est, son corps, sa voix, sa façon de se déplacer, pour que le personnage prenne vie sur scène. Ce travail reste d'ordre *technique*.

Il en va de même pour tout professionnel qui se prête à la Méthode du Sosie. C'est la mise en présence puis l'interaction entre la sensation physique du geste et la participation à la parole collective avec des pairs qui *déclenchent* un réaménagement possible de ces automatismes qui gouvernent nos gestes les plus quotidiens, les plus naturels. Remarquons que le geste n'est pas conduit par une idée, c'est au contraire par le questionnement sur eux que l'on permet aux gestes de se renouveler et de s'ajuster de mieux en mieux à une réalité donnée. *Le geste juste émerge de soi, ou le geste parasite disparaît, si les conditions nécessaires sont réunies.* Une séquence d'instruction au Sosie est une façon de créer ces conditions. Se centrer sur le « comment » fait partie de ce qu'il est *nécessaire* de faire pour que cela fonctionne.

L'échange collectif

La Méthode du Sosie enchaîne deux temps forts : le face-à-face entre une personne et son sosie, puis la séquence des questions posées par le reste de l'équipe. La présence permanente des pairs est indispensable au bon fonctionnement de la méthode.

À la fin du dialogue, les membres du groupe qui ont écouté sans prendre part à l'ensemble de l'échange vont intervenir par le biais de questions et de retours qui porteront sur l'objet de l'échange et à l'adresse de celui qui a présenté la séquence. Ces questionnements vont porter exclusivement sur les manières de faire. Ce jeu de questions/réponses n'a pas pour but de dégager un consensus. Il ne s'agit pas de la recherche d'une sorte de vérité mais plutôt d'une réflexion commune et contradictoire sur les diverses façons de considérer une manière de faire que nous appelons aussi « geste de métier ».

Le geste de métier peut être défini comme un savoir-faire propre à une activité, partagé et reconnu par les pairs. Il est à noter que cette notion s'applique aussi bien aux métiers manuels ou matériels, pour lesquels le « tour de main » est *a priori* facilement identifiable, que pour les métiers dits immatériels. Les professionnels disposent ainsi d'une sorte de répertoire de « gestes » dans lequel ils puisent afin de mener à bien leur activité (Yves Clot). Ce répertoire s'est constitué au fil des années d'expérience. Pour que celui-ci reste opérant, il doit se renouveler, être repris, discuté et remis en question par ceux qui l'utilisent sous peine de devenir obsolète. Pour le dire autrement, le devenir des gestes de métier est entre les mains des professionnels qui les font vivre au quotidien. Avec le temps, ils pourraient se concrétiser en véritables outils.

Cette dynamique s'effectue naturellement au cours d'échanges propres à chaque profession. L'exemple le plus visible étant la réunion de chantier. Les pratiques managériales, depuis quelques années, tendent à supprimer ces moments, les considérant à tort comme une perte de temps, alors qu'ils sont l'essence même du travail en équipe puisqu'ils définissent et redéfinissent sans cesse les fondements, les possibles, les avancées et les limites de l'activité. La Méthode du Sosie a pour but de restaurer ces pratiques en les cadrant et en les formalisant.

Le processus d'échange et de réflexion induit par la Méthode du Sosie permet à un groupe de professionnels de remettre à jour ce répertoire de gestes de métier, de le valider ou non, et d'envisager d'autres façons de faire, contribuant ainsi à son renouvellement et à sa transmission. Cette mise en route du travail collectif va s'effectuer par approches successives grâce à cet échange. Chaque question ou remarque donne l'occasion de remettre en cause ensemble ce que l'on croyait fixé et sur lequel on ne pensait pas nécessaire de revenir. C'est ce type d'échanges que l'on nomme *controverse* et qui est le déclencheur et le soutien du « travailler ensemble ». La controverse permet aux membres du collectif, d'une part de vérifier qu'ils sont bien sur la même longueur d'onde, et d'autre part de développer des variantes possibles de leur métier. Elle ne saurait être confondue avec les méthodologies de circulation de la parole ou d'échanges de pratiques, autant dans les objectifs que dans les effets.

La controverse elle-même n'est pas une méthodologie en soi, elle ne prétend pas produire quelque chose d'abouti et ne donne pas lieu à interprétation. Elle ne pourra naître et se développer que dans le cadre d'une prise de parole réglée. En effet, celle-ci, en focalisant le collectif par exemple sur un geste de métier partagé par tous, permet l'écoute attentive de l'ensemble des participants. Elle développe également la réflexion de chacun des membres du collectif. C'est à partir de l'« artifice » de la Méthode du Sosie que ces opérations successives pourront s'effectuer, et que la parole se prendra *naturellement*. En s'installant, la controverse offre alors les véritables conditions du développement d'un dialogue professionnel.

Conseils d'animation

Globalement, cet exercice demande une certaine attention car, bien que la consigne soit extrêmement simple, la tentation est forte de dériver vers une forme de discussion. N'hésitez pas, par conséquent, à bien expliquer la règle qui va être suivie, à répondre aux questions posées, à en anticiper d'autres si vous en percevez la nécessité, à donner des exemples. Mais ne dites pas de façon trop détaillée ce que l'exercice produit. Cela attirerait inutilement l'attention des participants sur la question des mécanismes, sur les raisons de l'exercice, et vous risquez de déclencher un débat sur l'opportunité d'utiliser une telle méthode. Si la discussion s'installe, laissez-la suivre son cours, puis proposez de commencer avec la méthode. Et reprenez la description de ses modalités pratiques.

La consigne doit être donnée très précisément, voire expliquée et étayée d'exemples. Il est conseillé d'avoir recours au « tu » pour passer les consignes au Sosie. C'est par cette forme d'adresse que l'on évite le récit autobiographique et que se dessinent la séparation d'avec l'activité et les prémisses du partage des savoir-faire. Il vaut mieux passer un peu de temps sur cette question, en l'étayant si nécessaire par une métaphore judicieuse, que de rester flou. Le parti pris de se centrer exclusivement sur les gestes, tels que nous les avons définis plus haut, signifie qu'il faut être très attentif à ce que les passations de consigne décrivent toujours le comment des choses et non le pourquoi. Les questions de l'intervenant sont destinées justement et exclusivement à tenir ce positionnement. C'est une tendance naturelle que de vouloir trouver des liens de causalité à ce que l'on fait, de rechercher quelque chose de l'ordre du sens. L'animateur a la tâche difficile de « ramer à contre-courant ».

L'écoute du groupe doit être privilégiée. Il est impératif qu'il n'y ait aucune interruption d'aucune sorte car cela déréglerait le processus de pensée de celui ou celle qui présente sa séquence.

L'échange collectif démarre avec les questions du groupe. Veillez au fait que les participants posent uniquement des questions de compréhension d'une description et de précisions, car cette séquence jette les bases de la dynamique collective. L'objectif n'est pas d'initier un débat mais de susciter des prises de conscience, de permettre la mise à jour et le développement de manières de faire communes.

La conclusion de l'exercice. Il n'est pas nécessaire de donner une conclusion, mais il peut être opéré un tour de table permettant à chacun de dire ce qu'il a appris lors de la séance.

Variante : la retranscription

Retrouvons Louise et Pierre, quelques semaines plus tard.

> Louise : « Ah, au fait, tu te souviens de ce que je t'avais dit sur nos séances Sosies ? Et bien, ce n'était pas fini, et ce qui m'a encore plus aidée, c'est le travail que j'ai fait après.
>
> — Après ?
>
> — Oui, après. Pendant les séances, nous étions enregistrés, et l'animateur nous a demandé de retranscrire si possible tout ce que nous avions dit. Eh bien, je me suis rendu compte – et ça ne m'a pas fait plaisir ! – que je ne savais absolument pas déléguer. Je fais tellement peu confiance aux autres que je dois les bloquer complètement. Ça m'a permis de comprendre les petits conflits incessants entre Julien, Martine et moi. Et aussi, cet exercice nous a renforcés en tant qu'équipe. Là, j'ai l'impression qu'on a compris que passer un peu de temps à se retrouver pour parler ensemble de ce qu'on fait et de comment on le fait, ce n'était vraiment pas du temps perdu. Mais c'est quand même étonnant, tout ce que l'on ne sait pas de soi-même ! »

Commentaires

La Méthode du Sosie trouve une première source d'efficacité dans les deux moments successifs que nous venons de décrire, cependant ce troisième temps complète le dispositif et lui donne toute sa cohérence.

La séquence est entièrement enregistrée. À la fin des séances collectives, les enregistrements sont remis aux participants et il leur est demandé de *retranscrire l'intégralité* de leur propre séquence, ou au moins les principales séquences. Cela prend du temps, mais l'exercice est extrêmement actif pour celui ou celle qui s'y prête. C'est en reprenant par écrit, ce qui a été dit au calme, quelques semaines après les événements, que les principaux faits saillants ressortent le mieux.

Dans la suite de notre histoire, Louise continue de découvrir des aspects de son comportement qu'elle mésestimait totalement. Dans d'autres circonstances, elle aurait pu s'obliger à « déléguer » si on le lui avait demandé, mais comme, pour elle, cette question n'avait pas d'objet, il lui était tout simplement impossible de progresser. C'est d'ailleurs ce que dit l'ancien dicton : « Chassez le naturel, et il revient au galop. » Et si l'on ne peut forcer le naturel, il est cependant possible de revenir à sa source. C'est bien l'un des objectifs de ce travail.

Dans le calme de la retranscription Louise *voit*, littéralement, ce qu'elle fait ou ne fait pas. Or « voir » ainsi a un effet extrêmement puissant. Si vous y prêtez attention, vous constaterez que les modifications de comportements en sont toujours des *conséquences*. Si l'on y réfléchit, ce phénomène est somme toute assez banal, c'est celui du déclic, de la découverte, de la prise subite de conscience. On le dit d'ailleurs souvent : « Mais oui, pourtant je le savais, ça ! » Oui, nous le savions, mais nous l'avions enfoui au fond de nous-mêmes. La méthode s'appuie sur ce constat, de façon pragmatique, et propose une démarche simple mais structurée permettant de se ressouvenir de ce dont on a besoin pour s'améliorer.

Tirer parti du décalage temporel, de l'alternance de la présence et de l'absence des pairs, de celle du mode oral et du mode écrit accroît les chances de capter ce que nous aurions refoulé au fond de nos gestes. Ce travail individuel nourrit et se nourrit du travail collectif. Mieux travailler ensemble permet de mieux travailler soi-même, et réciproquement.

Quelques « gestes » pratiqués par les participants

Se prêter à la mise en œuvre de la Méthode du Sosie permet de :

▷ **réfléchir avec attention** à ses propres gestes quotidiens ;

▷ **découvrir** des actions que l'ont fait, et d'autres que l'on ne fait pas ;

▷ **prendre conscience** de ce que l'on dit soi-même ;

▷ **se réapproprier son activité** individuellement et collectivement ;

▷ **découvrir** la puissance transformatrice d'un groupe et la dimension dynamique du métier.

L'ESSENTIEL

La Méthode du Sosie permet d'approfondir la maîtrise des « gestes » des membres d'une équipe professionnelle, et, ce faisant, de développer simultanément le métier des uns et des autres et leur métier collectif.

Sa dynamique s'appuie sur une structure à deux temps pour la méthode elle-même : l'« instruction » du Sosie puis la séance de questions/réponses. La variante propose un troisième temps : la retranscription individuelle.

Cette méthode peut être utilisée pour :
• redynamiser et refonder en profondeur une équipe ;
• permettre aux membres d'une équipe de participer pleinement au développement des activités de l'équipe ;
• régler des incompréhensions, voire des conflits, dans l'équipe.

CONCLUSION

En exergue de ce livre, nous avons rappelé le titre d'un très joli petit livre de Daniel Arasse, intitulé justement *On n'y voit rien*[1].

Daniel Arasse était historien d'art, il connaissait la vie des peintres, et il aimait à admirer leurs œuvres. N'étant pas un spécialiste de l'art en tant que tel, il regardait ces peintures à sa façon, sans « grille de lecture » particulière. Et puis il a découvert quelques détails curieux dans telle ou telle toile. De fil en aiguille, et en reliant ce qu'il *voyait* sur la toile, à ce qu'il *savait* de la vie du peintre, il a commencé à voir d'autres choses que ce qui semblait être montré.

Peu à peu, il s'est rendu compte qu'en général, devant un tableau, « on n'y voit rien » ! Si on le suit, on découvre que ce constat est peu à peu devenu une méthode. Devant une œuvre nouvelle pour lui, si on peut le dire ainsi, Daniel Arasse s'asseyait et, pendant deux ou trois heures, regardait : *il attendait de voir*. Il savait qu'au début « on n'y voit rien ». Peu à peu, le tableau s'éclaire, il prend de la profondeur, il livre ses secrets.

Les équipes qui réparaient les façades agissaient de même. Dans un texte très instructif intitulé « Les règles du métier »[2], Damien Cru décrit comment ces personnes s'installaient confortablement devant une façade à reprendre et passaient leur matinée à la « louper ». C'est-à-dire à la regarder et à repérer tout ce qui peut se remarquer, une trace rouge trahit

---

1. Daniel Arasse, *On n'y voit rien*, folio essai, n° 417.
2. Damien Cru, « Les Règles du métier », *in Plaisir et souffrance dans le travail*, sous la direction de Christophe Dejours, édition de l'AOCIP, 1988.

la présence de fer et un écoulement d'eau, une sorte de bosse – la fameuse « loupe » ! – montre que le mur subit une pression, etc. Et après avoir bien loupé, ils « descendent la façade en un rien de temps ».

D'un métier à l'autre, on retrouve les mêmes invariants. Tout ce livre n'a cessé d'évoquer cette question : observer ce qu'il se passe pour agir juste. Ce qui est vrai pour la peinture et les façades se retrouve partout ailleurs.

REMERCIEMENTS

Nous remercions toutes les personnes souvent amies que nous avons rencontrées ces quinze dernières années et qui, souvent sans le savoir et par les nombreux échanges que nous avons eus avec elles, ont contribué à ce que nous avons tenté de mettre en forme dans cet ouvrage. Un merci tout particulier à Hervé Guyader pour sa relecture attentive de notre manuscrit, ainsi qu'à Laurent Chiozzotto pour ses conseils avisés.

Dominique Fauconnier & Annie Madrières
L'Atelier des Métiers
7 rue Boursault
75017 Paris
atelier.des.metiers@wanadoo.fr
www.atelierdesmetiers.com